Marketing sucht Zielgruppe ... oder: Was macht der Gorilla am POS?

Heino Hilbig

Marketing sucht Zielgruppe … oder: Was macht der Gorilla am POS?

Über Denkfehler in Strategie, Kommunikation & Co. und 58 Tipps, wie Sie sie vermeiden

 Springer Gabler

Heino Hilbig
Hamburg, Deutschland

ISBN 978-3-658-07726-6   ISBN 978-3-658-07727-3 (eBook)
DOI 10.1007/978-3-658-07727-3

Die Deutsche Nationalbibliothek verzeichnet diese Publikation in der Deutschen Nationalbi-
bliografie; detaillierte bibliografische Daten sind im Internet über http://dnb.d-nb.de abrufbar.

Springer Gabler

Lektorat: Manuela Eckstein
Einbandabbildung: © Only Fabrizio / fotolia.com

Gedruckt auf säurefreiem und chlorfrei gebleichtem Papier

Springer Fachmedien Wiesbaden ist Teil der Fachverlagsgruppe Springer Science+Business Media
(www.springer.com)

Alles nur Glamour?

Draußen: Ein roter Teppich. Am Rand Groupies, die sich ihre Finger wund fotografieren, während die Stars – Computer-Nerds mit Nahsichtbrille und fettigen Haaren im Smoking – an ihnen vorbeiflanieren. Am Eingang gibt es eine Rückwand, gepflastert mit kleinen Linux-Pinguinen, vor denen der örtliche Lokalsender Interviews für die 20-Uhr-Nachrichten macht.

Drinnen: Eine Bühne. Nach einem unterhaltenden Rahmenprogramm (drei Jugendliche tragen einen alten Edlin Programmcode im Stile der Poetry-Slams vor) kommt der Höhepunkt. Unterstützt von Assistentinnen, Laudatoren und großen, geheimnisvollen Briefumschlägen verkündet der Moderator nacheinander die Preisträger in den Kategorien „schönstes Systemdiagramm", „kreativste Fehlermeldung" und „weitreichendste WLAN-Anbindung".

„And the winner is ..."

Einer der Nerds springt auf, läuft auf die Bühne, nimmt ein seltsam gestaltetes Plexiglas entgegen und dankt schluchzend seinem Vater und seiner Mutter sowie allen, die immer an ihn geglaubt haben.

Der Lokalsender berichtet begeistert lokal. Später werden auch die führenden EDV-Fachzeitschriften ausführlich über diesen Event berichten und nicht vergessen zu erwähnen, dass mit dieser Verleihung das Systemhaus Meyer nun endlich in die Gruppe der Top-Ten-IT Dienstleister aufgerückt sei.

Dies ist der Moment, von dem an der Geschäftsführer und der Senior-Vicesystemadministrator des Systemhauses Meyer zu jedem wichtigen und unwichtigen Thema um ihre öffentliche Meinung befragt werden ...

Sie schmunzeln? Dann haben Sie etwas wiedererkannt. So ähnlich – manchmal schon peinlich detailliert Oscar-Verleihungen kopierend – laufen die Preisverleihungen im Marketing in aller Regel ab. Ganz gleich, ob es dabei um das Kreativ-Ranking des Art Director Clubs (ADC), die HAMMA-Verleihung des Marketing Clubs oder sonst einen der zahlreichen Preise, Awards oder Goldelsen geht.

Warum erheitert uns eigentlich die Vorstellung, dass IT-Unternehmen, Spediteure oder Wirtschaftsprüfungsgesellschaften anfangen, sich gegenseitig Preise in selbst erdachten Kategorien zu verleihen, während die beauftragenden Unternehmen dies für Dienstleister im Bereich „Marketing" als selbstverständlich hinnehmen – und solche Preise sogar als Bewertungskriterium bei der Auswahl neuer Agenturen heranziehen?

Lassen wir uns das am Beispiel des ADC[1] mal auf der Zunge zergehen: Da gibt es eine Berufsgruppe, die damit Geld verdient, Gebrauchsgrafik für Unternehmen zu erstellen. An sich kein schlechter Beruf, sollte man meinen. Aber offenbar nicht gut genug, denn der Zusammenschluss dieser Menschen überhöht das Ganze, indem er diese Arbeit zur Kunst erhebt – und sich selbst gleich zu Leitern der Kunst[2]. Und diese Gruppe von Gebrauchsgrafik-Erstellern veranstaltet nun also Wettbewerbe, indem sie selbst ihre eigene Arbeit nach einem Kriterium bewertet (Kreativität), welches sie wiederum selbst festgelegt hat.

Ohne Zweifel kann man diese Gebrauchsgrafik kreativer oder auch weniger kreativ gestalten. Aber – und hier beginnt der Denkfehler: Wer hat denn wann eigentlich festgelegt, dass kreativere Gebrauchsgrafik eine höhere Wertschätzung erfahren soll als eine weniger kreative Variante? Für die beauftragenden Unternehmen selbst spielt das ja keine primäre Rolle – für sie zählt, dass die so ausgeführten Marketingmaßnahmen erfolgreich sind, also am Ende Umsatz und Gewinn steigern. Ob das durch eine kreative Maßnahme möglich ist oder durch eine unkreative, ist den Auftraggebern eigentlich völlig egal.

Dass es zur Frage der Effizienz kreativer Werbung keinerlei verlässliche Statistiken gibt – und es ebenso viele Beispiele guter unkreativer Werbung wie Flops auf der kreativen Seite –, hatte ich in *Marketing ist eine Wissenschaft* ...[3] schon erläutert. Unternehmen bedienen sich des Kriteriums „Kreativität" nur als Ersatzwährung, weil die Frage, woran man eine gute Agentur erkennen kann, ansonsten kaum zu beantworten ist.

---

[1] ADC = Art Director Club, ein Verband der Mediengestalter der Werbeagenturen
[2] Art: engl. die Kunst, director: lat. der Leiter
[3] Hilbig, Heino, *Marketing ist eine Wissenschaft ... und die Erde eine Scheibe?* Wiesbaden, Springer Gabler, 2013

Zusammengefasst haben wir also die Situation, dass eine Berufsgruppe innerhalb der Unternehmensdienstleister

- Wettbewerbe veranstaltet,

- dabei die eigene Arbeit selbst bewertet und

- dazu ein Kriterium heranzieht, das für die Auftraggeber eigentlich unerheblich sein sollte.

Für mich klingt das irgendwie so, als würde man Politikern erlauben, die eigenen Doktorarbeiten zu bewerten – und die nähmen als Bewertungskriterium dann die Anzahl der zitierten Vorlagen.

Als ich diese These in einem Artikel für das Managementmagazin BRAND EINS[4] vertrat, erhielt ich Leserbriefe, die dem Marketing „höhere" Ziele als nur schnöden Umsatz und Gewinn unterstellen wollten. Aber machen wir uns nichts vor: Markentreue, Markenbekanntheit, Imagewerte – all das sind nun einmal Sekundarziele. Primärziele eines Unternehmens sind Umsatz und Gewinn. Wer etwas anderes bezweckt, gründet eine Stiftung, einen Verein oder eine Bürgerinitiative – aber eben keine Kapitalgesellschaft. Das mag für den einen oder anderen Leser jetzt kapitalistisch klingen, wird aber sofort klarer, wenn man bedenkt, dass ein Unternehmen, das diese Primärziele langfristig verfehlt, sich aufgrund von Insolvenz auch nicht mehr um Sekundärtugenden wie Markenbekanntheit zu kümmern braucht.

Fast 25 Jahre habe ich Marketing in großen Unternehmen gesteuert und den Zirkus, den wir alle um die Unternehmensfunktion „Marketing" machen, von innen betrachtet und – ehrlicherweise – teilweise auch mitgemacht. Dabei ist doch das Geheimnis guten Marketings eben nicht das laute, „hochkreative" Design von irgendwelchen Kommunikationsmaßnahmen, sondern in aller Regel das Ergebnis sauberer, präzise durchgeplanter Arbeit, die die Erwartungen und jeweiligen Umfelder aller Stakeholder möglichst gut bedient.

Aber warum machen wir, obgleich viele Kollegen aus unserer Branche eine ähnliche Sicht der Dinge teilen wie die hier beschriebene, trotz allem diesen

---

[4] „Kauf Du Arsch", *BRAND EINS*, Ausgabe 2, 2014

Zirkus mit? Warum finden sich weder an Universitäten Kurse zum Thema Methodenkritik im Marketing, noch wirft die *Amazon*-Suchmaschine irgendwelche Buchtitel zu diesem Stichwort aus? Gibt es im Marketing denn gar nichts zu kritisieren?

Tatsächlich gibt es noch immer kaum kritische Berichterstattung in den Fachmedien oder entsprechende Literatur. Dabei gäbe es genügend Themen, denn noch immer geht es in unserer Branche zu häufig um den schönen Schein als um wirklich nachprüfbare Methodik. Die Frage etwa, ob Kreativität wirklich so sinnvoll ist, wird gerne unter gepflegte rote Teppiche gekehrt. Dass die Zukunft eines Fernsehformats unter Umständen von 54 willkürlich ausgewählten Zuschauern – pseudowissenschaftlich begründet – entschieden wird, wird kommentarlos hingenommen.

Nachdem ich mir (und hoffentlich Ihnen) in meinem ersten Buch den Spaß erlaubt hatte, diese Dinge heftigst augenzwinkernd zu beschreiben, habe ich überraschenderweise Anfragen dazu bekommen, wie man denn ohne all den Glitzer und Glamour erfolgreiches Marketing betreiben könnte. Daraus ist die Idee für dieses Buch entstanden: Ging es im letzten Buch um die pseudowissenschaftlichen Methoden, mit denen wir uns alle selbst blenden (lassen), habe ich für *Marketing sucht Zielgruppe ... oder: Was macht der Gorilla am POS* eine andere Art typischer Fehler im Marketing zusammengetragen: Diesmal geht es um Methoden und Maßnahmen, bei denen scheinbar nur einer stört: der Kunde. Tatsächlich überlegt man sich ja bei manchen TV-Spots, Anzeigen oder Messeständen, ob sich beim Auftraggeber oder den zuständigen Dienstleistern überhaupt jemand gefragt hat, wie der adressierte Kunde dies wohl wahrnehmen könnte.

Wer glaubt, selbst davor gefeit zu sein, macht jedoch schon den ersten Fehler. Alle angeführten Beispiele stammen nämlich aus Konzernen, die eigentlich genügend Know-how und Erfahrung mitbringen, um nicht zwingend in solche Fallen tappen zu müssen. Und ich gestehe, auch ich selbst habe mich in den vielen Jahren meiner Konzernkarriere immer wieder verführen lassen.

Deshalb gibt es auch dieses Mal wieder jede Menge Marketing-Wahnsinn zum (Schaden-)Freuen, auf Wunsch einiger Leser ergänzt um sehr handfeste

Tipps aus der täglichen Praxis mittelständischer Unternehmen und Konzerne.

Wenn Sie sich bei der folgenden Lektüre gut unterhalten, habe ich mein Ziel erreicht. Wenn Sie zudem noch an der ein oder anderen Stelle nachdenklich werden, vielleicht sogar danach etwas ändern, dann haben wir zusammen die Marketing-Welt wieder ein bisschen von zu viel schönem Schein-statt-sein befreit.

Heino Hilbig   Hamburg, im Januar 2015

PS:

Die 58 Tipps im Titel und in diesem Buch sind natürlich Marketing pur: So klingt dieses Buch leicht erfassbar und In schnellen Zeiten wie diesen vielleicht verlockend genug, damit ein potenzieller Leser es in den Warenkorb legt.

Die Leser unter Ihnen, die ebenfalls über eine lange Praxiserfahrung verfügen und für die diese Reduktionen vielleicht ein wenig nach Binsen klingen, werden mir andererseits sicher zustimmen, dass ein einziger Gang über eine Messe, ein Besuch bei *Facebook* oder ein Blick in die Schaufenster der Innenstädte schnell zeigt, dass es immer noch Verbesserungsbedarf gibt. Auch Binsenweisheiten muss man schließlich erst kennen, um sie anwenden zu können.

Inhalt

Kapitel 1 - Strategie: Am achten Tag schuf er die Marke, oder?

Bei der Suche nach dem „richtigen" Aufbau eines Buches kommt man als Autor ganz schön ins Schwitzen: logisch oder besser packend? Am meisten unterhaltend ist sicher der Bereich der Kommunikation – da gibt es einfach die schönsten Beispiele von alltäglichem Marketing-Blödsinn. Logischer wäre es aber, das Buch in der Arbeitsreihenfolge des Marketeers aufzubauen. Also habe ich ein wenig länger gesucht, um auch für die Strategie-Entwicklung schöne Beispiele zu finden und den Einstieg in dieses Buch so unterhaltsam wie möglich für Sie zu machen.

Tatsächlich ist meine Erfahrung, dass Denkfehler bei dieser ersten Aufgabe des Marketing – wie im wirklichen Leben – leider auch die schmerzhaftesten sind: Wer sich auf den Weg von Berlin nach Rom machen möchte und diese Reise mit einer Landkarte der USA plant, landet vermutlich überall – nur nicht in Italien. Lassen Sie uns also beginnen mit dem, was ein Unternehmen ebenso genial nach vorne bringen wie unglaublich daneben gehen kann: der Strategie.

Der Fluch der Kundenbindung:
Über den überaus begrenzten Sinn von
Mission- und Vision Statements

„Ich bitte Sie, dieses Unternehmen konstruktiv zu zerstören!"

Dieser Satz entstammt nicht etwa der zwölften Folge der „Stirb langsam"-Reihe, sondern stand in ähnlicher Form in einem schmucken Bilderrahmen, graviert in edelstem poliertem Acryl, als Firmenmotto eines Unternehmens, für das ich gearbeitet habe. Zwar in Englisch, wodurch es deutlich besser klang („creative destruction") aber der Inhalt war natürlich der gleiche. Dieses Motto fand sich auf jedem Flur eines jeden Firmengebäudes – weltweit.

Stellen Sie sich doch bitte nur einmal bildlich vor, einer der Angestellten der Firma hätte diese Aufforderung des CEO wörtlich genommen! Theoretisch müssten ihm bei so viel Eifer doch alle Karrieretüren sperrangelweit offenstehen. In der Realität hätte dieser Kollege jedoch alle Karrierechancen in diesem Unternehmen in den Wind schreiben müssen.

Aber wer käme auch schon auf so eine unsinnige Idee, das Mission Statement seines obersten Chefs wortgetreu umzusetzen? Falls Ihnen dieser Gedanke irgendwie vertraut vorkommt: Ja, genau darüber hatten wir uns im Zusammenhang mit den Übertreibungen im Bereich Werbung schon mal im letzten Buch ausgetauscht. Und nun haben wir hier den gleichen Effekt: Mission Statements, mit denen man alles tun darf – nur bitte nicht wörtlich nehmen!

Aber mal im Ernst: Nicht immer sind Mission Statements so konkret wie dieses verunglückte Beispiel. Ein kleiner Besuch auf den „Über uns"-Seiten der Unternehmen bringt nämlich so spannende Sachen wie diese hier zutage:

1. Wir stellen unsere Kunden und ihre Bedürfnisse in den Mittelpunkt des Handelns, weil zufriedene Kunden die Basis für unseren unternehmerischen Erfolg sind. Wir überzeugen mit hoher Produktqualität, wettbewerbsfähigen Preisen und zuverlässiger Leistungserbringung.[5]

2. Wir sind kundenorientiert. Wir entwickeln führende Marken und Technologien. Wir stehen für exzellente Qualität. Wir legen unseren Fokus auf Innovationen. Wir sind erfolgreich durch unsere Mitarbeiter.[6]

3. Wir setzen uns ehrgeizige Ziele – die wir von unserer Vision ableiten und anhand von Benchmarks verifizieren – und tun alles, um diese Ziele zu erreichen. Wir unterstützen unsere Kunden bei der Suche nach perfekter Qualität und bieten Ihnen Lösungen, die ihre Erwartungen übertreffen.[7]

4. Unsere Kunden stehen im Mittelpunkt unseres Schaffens. Die Zufriedenheit unserer Kunden sorgt für Konstanz und Vertrauen in der Kundenbeziehung. Das Ziel unserer Aktivitäten ist die langfristige Zufriedenheit unserer Kunden durch Lieferung von hochwertigen, präzisen und technologisch führenden Produkten. In diesem Ziel sehen wir die Basis von qualitativem und quantitativem Wachstum unseres Unternehmens. Wir wollen dies erreichen durch qualifizierte und motivierte Mitarbeiter sowie durch optimale technische Voraussetzung.[8]

Wenn man sich damit etwas näher befasst und Unternehmens-Webseiten und Annual Reports der großen Konzerne ein wenig durchforstet, muss man zwangsläufig den Eindruck gewinnen, dass nichts so unendlich austauschbar ist wie diese Mission Statements. Man nehme die Formulierungen und Begriffe „Kundenorientierung", „Mitarbeiter sind unser wichtigstes Gut", ein paar „innovative Produkte", ein bisschen „Leidenschaft" und

5   Deutsche Bahn, Auszug Konzernleitbild, www.deutschebahn.com/file/2192512/data/konzernleitbild.pdf   Zugegriffen: 1. Oktober 2014
6   Henkel, „Visionen und Werte", Seite 4. Download unter: www.henkel.de/unternehmen/unternehmenskultur/vision-und-werte#Tab-38770_3 Zugegriffen: 1. Oktober 2014
7   Siemens, „Werte, Vision. Strategie", www.siemens.com/about/de/werte-vision-stratcgie/werte.htm Zugegriffen: 1. Oktober 2014
8   Flohr Industrietechnik, www.flohr-industrietechnik.de/de/unternehmen/leitbild-vision-mission/index.php Zugegriffen: 1. Oktober 2014

mische sie mit weiteren netten Sätzen und hat – tara! – das eigene, überaus individuelle Mission Statement.

Wofür sind diese Statements eigentlich gut? Zum einen sollen sie natürlich Kunden davon überzeugen, sich für das richtige Unternehmen zu entscheiden. Aber seien wir mal ehrlich: Wechseln Sie zuhause die Marmeladensorte auf dem Frühstückstisch, nur weil der eine Anbieter ein schönes Mission Statement auf seiner Webseite hat und der andere womöglich keines? Zum anderen sollen solche Sätze natürlich vor allem nach innen wirken und die Mitarbeiter tagtäglich auf die Motivationsreise zum Unternehmenserfolg vorbereiten. Ich stelle mir bildlich vor, wie Millionen von Mitarbeitern morgens am Arbeitsplatz noch einmal einen intensiven Blick auf diese Worthülsen werfen, bevor sie ihr Tagwerk beginnen. Kundenorientierung als Mantra – und das jeden Morgen?

Damit ich nicht falsch verstanden werde: Ich bin definitiv der Meinung, dass Unternehmen und ihre Mitarbeiter unbedingt – und durchaus gerne mehr als heute – den Kunden in den Mittelpunkt der eigenen Arbeit stellen dürften. Aber muss man das in so belanglose Sätze einbauen?

Ein kurzer Blick in *Google* liefert über 18 Millionen Ergebnisse zur Binse „Der Kunde steht im Mittelpunkt". Ist es da verwunderlich, wenn der Hang zu solchen blutleeren Mission Statements unter allen Marketingmaßnahmen am häufigsten auf die Schippe genommen wird? Sucht man bei *Google* mit den Begriffen „Mission Vision Generator", findet man tatsächlich etliche Webseiten[9] mit Tools, die automatisch zitierfähige Sätze generieren. Ein Schelm, wer Böses dabei denkt. Schockiert hat mich nur, dass man dort auch Webseiten[10] findet, die diesen Service ernst meinen und sich das Ergebnis auch noch bezahlen lassen!

---

[9] www.joe-ks.com/archives_feb2001/ManualMSG.htm Zugegriffen: 1. Oktober 2014
    www.cmorse.org/missiongen Zugegriffen: 17. November 2014
    www.laughing-buddha.net/toys/mission Zugegriffen: 1. Oktober 2014
    www.rhetorik-seminar-online.com/mission-statement-klopfomat/   Zugegriffen:
    1. Oktober 2014
[10] www.franklincovey.com/msb/ Zugegriffen: 1. Oktober 2014

Was aber bringt einen intelligenten und eigentlich geistig gesunden CEO dazu, die Aufforderung zur Vernichtung des Unternehmens oder ebenso belanglose Allerweltsformeln mit seinem Namen zu unterschreiben?

Etwa ein Jahr vor Erscheinen dieses Buches hatte ich ein Gespräch mit einem Vorstand, das diese Frage nicht besser hätte beantworten können. Wir kamen am Rande einer Veranstaltung ins Reden über die emotionale Bedeutung von Marken, und er begann stolz zu erzählen, dass er in seinem aktuellen Unternehmen auch als erstes einen – wie er das nannte – „Findungsprozess" aufgesetzt hätte: Seit einem halben Jahr liefe dieser Prozess nun schon mit moderierten Workshops quer durchs ganze Unternehmen – und die meisten Führungskräfte seien darin eingebunden. Stellen Sie sich nur einmal den Aufwand - und die Kosten – vor, um am Ende fünf belanglose Sätze zu Papier zu bringen!

Dabei steht am Anfang eigentlich eine gute Idee: Die Geschäftsleitung, das Board oder der CEO erkennt, dass es dem Unternehmen an einer guten, langfristigen Orientierung – einem Ziel – fehlt. Und so wird beschlossen, das existierende, nicht gelebte Wortkonglomerat durch ein neues, viel besseres zu ersetzen. Da dieses Ziel natürlich von einem möglichst großen Teil der Belegschaft mitgetragen werden soll, kommt das Grauen nun in Form eines konsensorientierten Kreativprozesses, für den

- möglichst viele Mitarbeiter

- möglichst viele Wünsche zum zukünftigen Sein des Unternehmens

- auf möglichst viele bunte Moderationskarten schreiben,

- aus denen Unternehmensberater dann für möglichst viele Tageshonorare eine griffige Zusammenfassung kondensieren.

Das klingt böse? Ja! Aber glauben Sie mir, ich habe auf Unternehmensseite etwa ein halbes Dutzend Mal genau diesen Prozess mitgemacht. So ähnlich ist unter anderem die „kreative Zerstörung" entstanden.

Für mich klingen diese Prozesse immer irgendwie nach Wunschkonzert Da läuft irgendetwas nicht, wie es soll – und eine langfristige „Mission" muss her! Und da schreibt man einfach alles hinein, was man eigentlich immer schon mal gerne sein oder tun wollte.

- Unsere Produkte sind nicht besonders gut?

  „Wir bauen mit Stolz und Leidenschaft exzellente Produkte."

- Wir haben deutliche Probleme im Kundenservice?

  „Unsere Kunden sind unser wichtigstes Gut."

- Es gibt ein Kommunikationsproblem zwischen Top-Management und Mitarbeitern?

  „Wir sind erfolgreich durch unsere Mitarbeiter."

Sie erkennen das Prinzip?

Vergessen wird dabei nur gern, dass solche frommen Wünsche bei allen, die an diesem Prozess nicht teilgenommen haben, irgendwie auf Unverständnis stoßen werden. Wir bauen exzellente Produkte? Wie kommt das bei Mitarbeitern an, die tagtäglich das genaue Gegenteil in ihrer Arbeit erlebt haben? Oder was denken enttäuschte Kunden, wenn auf der Unternehmens-Webseite Sätze vom „Kunden als höchstes Gut" oder „exzellenten Service" auftauchen?

Da entpuppt sich das ganze schöne „authentisches Markenbild" schon ganz am Anfang als wackeliges Kartenhaus – ganz gleich, wie sehr sich die Social-Media-Agentur des Unternehmens auch auf der teuer betreuten *Facebook*-Seite um Glaubwürdigkeit bemühen mag.

Tipp 1

Das wichtigste Element bei der Suche nach einem langfristigen Ziel ist die Beschreibung des „Core", also dessen, was Ihr Unternehmen heute ist. So ein Kern lässt sich nicht definieren, denn er ist ja schon da – Sie müssen ihn nur finden. Am besten suchen Sie sich einen externen Moderator für diesen Prozess, der mit Ihnen auf die Suche gehen will – keinesfalls aber einen, der Ihnen verspricht, „eine Vision zu erarbeiten". So ein Unternehmens- oder Markenkern muss übrigens nicht einmal in schöne Worte gefasst sein, wie *Apple* oder *Sony* wunderbar zeigen. Deren Erfolgsgeschichten beschreiben den Kern wunderbar – ohne einen poetischen Dreizeiler. Wenn Sie wirklich meinen, etwas zu Papier bringen zu wollen, dann aber unbedingt das, was da ist, keine Wünsche für die Zukunft!

Tipp 2

Wenn Sie zukünftige Ziele in Form einer Vision für Ihr Unternehmen schaffen wollen, dann achten Sie auf drei Dinge: Ersten muss Ihr Ziel ein Ziel sein, keine Umkehrung des heute unbefriedigenden Zustands. Zweitens muss Ihr Ziel offen für Entwicklungen sein. Hätte Walt Disney in den 60ern seine Vision nur auf Comics bezogen, wäre nie ein Disneyworld entstanden. Hätte 3M sich als Unternehmen der Klebebranche verstanden, wären Post-its heute kein Welterfolg, sondern ein Fehler gewesen.[11] Und drittens sollte Ihre Zielformulierung einer leichten Abwandlung des SMART-Prinzips genügen: spezifisch (keine generischen Formulierungen), messbar, gerade eben noch erreichbar (achievable), relevant für Ihre Kunden und Mitarbeiter (die Verbesserung des Kantinenessens zählt nicht!) und mit einem Zeithorizont versehen (time).

Tipp 3

Einer der großen Urväter der Visionstheorie ist Jim Collins mit seinen Büchern *Good to Great* und *Build to last*.[12] Auch wenn seine darin verwendeten Erfolgsstatistiken widerlegt sind[13], sind seine Bücher sehr lesenswert. Insbesondere seine Methode der „Mars-Group", mit der er Core und Vision eines Unternehmens erarbeitete, ist immer noch empfehlenswert – wenn man sie an heutige Zeiten und Umstände anpasst.

---

[11] Denn eigentlich sind Post-its ja einfach nur Papier mit einem schlechten Kleber. Nur weil das Unternehmen sich als Spezialist für Beschichtung versteht, funktioniert das.

[12] Deutsche Ausgaben: Collins, Jim, *Der Weg zu den Besten: Die sieben Management-Prinzipien für dauerhaften Unternehmenserfolg*, Frankfurt, Campus Verlag, 2011, und *Immer erfolgreich: Die Strategien der Topunternehmen*, München, DVA, 2003

[13] Collins untersuchte seiner Meinung nach langtristig erfolgreiche Unternehmen auf deren Gemeinsamkeiten sowie die Unterschiede zu vergleichbaren, nicht erfolgreichen Unternehmen. Der Nobelpreisträger Daniel Kahneman zeigte auf, dass es sich dabei nur um einen Statistikfehler handelte (vgl. Kahnemann, Daniel, *Schnelles Denken, langsames Denken*, München, Pantheon Verlag 2014, S. 256).

Augenbrauen – der ärgste Feind
guter Markenarchitektur

Ich weiß nicht mehr, welche der großen Personalberatungen es war, die vor einigen Jahren Zahlen darüber veröffentlicht hat, welchen Unternehmensbereichen die Vorstandsvorsitzenden großer Unternehmen ursprünglich entstammten – praktisch so eine Art CEO-Genanalyse. Das Resultat war ernüchternd. Die meisten Unternehmensführer kamen aus dem Vertrieb, gefolgt von deutlich weniger F&A-lern. Marketing war, ebenso wie Personal, abgeschlagen ganz weit hinten. Und so ist es kein Wunder, wenn wir Marketeers es mit unseren Vorschlägen im Board nicht immer leicht haben: Da trifft dann die kreative Unternehmensfunktion „Strategie und Kommunikation" auf den gnadenlosen Pragmatiker. Eine Wiederholung des ewigen Spiels Marketing und Vertrieb, nur diesmal mit einer hierarchisch ungleichen Rollenverteilung.

Über viele Jahre hinweg musste der CEO als pragmatischer Vertriebler untaugliche Daten in bunten Powerpoints ertragen, die zu Strategien hochstilisiert wurden – worüber man ein ganzes Buch schreiben könnte, wenn es das nicht schon gäbe. Nun ist der Tag der Abrechnung gekommen: Sobald der Marketingleiter beginnt, über die „strategische Ausrichtung der Marke" zu referieren, setzt beim gesamten Vorstand das Raunen, Stirnrunzeln und Augenrollen ein.

Aber: Gerade im Bereich der Markenarchitektur sind die Überlegungen von Agenturen und Marketingabteilungen häufig deutlich besser und sinnvoller als die dann sichtbaren Ergebnisse. Da werden, durchaus auch bei großen Unternehmen, munter Firmennamen, Produktbezeichnungen und Marken gemischt und Auszeichnungen, Submarken und Subsubmarken geschaffen. Alles Fälle, in denen das Marketing vor der hochgezogenen Augenbraue des Vorstands kapitulieren musste?

Wer sich von Ihnen nun vielleicht die Frage stellt, ob eine Markenstrategie wirklich so wichtig sei und ob man mit dem ganzen Aufwand auch nur ein Stück mehr verkaufen würde, den würde ich gerne auf eine kleine Reise mitnehmen. Stellen Sie sich vor, sie seien gerade Vater oder Mutter geworden und stünden vor der Frage, wie Sie Ihr Kind nennen wollen.

■ Mia und Ben sind die beliebtesten Namen in 2013 gewesen. Würden Sie Ihr Kind genau so nennen und damit riskieren, dass sich immer gleich zwanzig Köpfe drehen, wenn Ihr Kind in Zukunft gerufen wird?

Genau deshalb ist der Name „Wurstwaren Meier GmbH" sicher ein ehrenwerter Firmenname, aber als Marke für das Angebot nicht optimal unterscheidbar.

■ Chantal, Malte und Torben sind durch die Phalanx der deutschen Comedians ebenso unakzeptabel geworden wie etwa Pepsi Carola es alleine durch den Wortklang ist – und scheiden damit vermutlich ebenfalls für Ihr Kind aus.

Tatsächlich aber gibt es Unternehmen in Deutschland, die als „Sanitärdienst Notdurft" oder „Radau Immobilien" firmieren (auf Beispiele großer Markenartikler verzichte ich hier zugunsten einer geringeren Abmahnungsrate). Sind Markenbezeichnungen denn nicht dafür da, die Chance auf Geschäft zu erhöhen?

Einem Unternehmen, für das ich gearbeitet habe, konnte ich trotz intensiver Bemühungen den Begriff „CAMEDIA" für ein technisches Konsumgut nicht ausreden, obgleich die Assoziationen aller deutschen Beteiligten bei einer ganz anderen, ähnlich klingenden Marke aus dem Bereich Frauenhygiene lagen. Im Gegenteil: Wir schalteten munter Anzeigen mit dieser Marke, die zudem von einer lächelnden Frau gekrönt waren.

■ Ganz sicher werden Sie, obgleich der Name in den ersten Monaten vielleicht zutreffend sein dürfte, Ihr Kind nicht „Pupser" oder „Stinker" nennen. Aber warum nennen dann große Autokonzerne Ihre Fahrzeuge „Pajero" oder „Vento"[14]?

■ Und ja, auch wenn es vielleicht praktisch wäre, Sie würden Ihr Kind wohl kaum „M3" nennen, nur weil es ein Junge („M") und das dritte

---

[14] Was diese Begriffe im Spanischen bzw. Italienischen bedeuten, überlasse ich Ihren *Google*-Künsten.

Kind Ihrer Familie ist, oder? Aber genau das passiert sehr gerne – gerade im Bereich technischer Produkte.

Marken haben ja zunächst einmal einen Zweck: das Angebot für den Kunden leicht identifizierbar zu machen und womöglich schon eine erste Begehrlichkeit zu wecken. Gelungene Beispiele dafür gibt es durchaus: „Mundfein" für einen Pizzalieferdienst, „Car2Go" für einen immer verfügbaren Car-Sharing-Service oder auch „Stop water while using me" für ein umweltfreundliches Duschmittel.

Genauso deutlich, wie Sie solche Namensgebungen für Ihr fiktives Kind vermutlich verneint haben, reagieren auch Vorstände auf diese Frage, solange man über Kinder spricht. Aber warum entfällt diese Logik sofort, sobald es um das „Kind" Marke oder Produkt geht? Warum machen es viele Unternehmen ihren Kunden gerne so schwer?

Tatsächlich ist es aus meinem Erleben heraus schlicht das Unverständnis der beteiligten Produktmanager, Produktentwickler und Vorstände, die den Sinn und den Mehrwert einer klar strukturierten und konsequent durchgehaltenen Markenarchitektur nicht zu erkennen vermögen. Da werden einerseits Produktbeschreibungen, Firmenbezeichnungen, Marken und Submarken wild durcheinander gewürfelt – und andererseits wird von Verbrauchern erwartet, dass sie nicht nur die Marken(un)logik nachvollziehen, sondern womöglich auch noch Farb- oder Bezeichnungscodes einordnen können sollen. Gerade im Umgang mit internationalen Unternehmen erlebe ich solche Selbstverliebtheit in die eigenen R&D-Entwicklungskodierungen und internen Strukturnamen recht häufig.

Nein, liebe Kollegen aus den Produktmanagementzentren dieser Welt, kein (!) Kunde wird sich durch unsere noch so ausgetüftelte Markenlogik durcharbeiten und wissen, dass das Logo der Produktgruppe A einen roten Unterstrich trägt, während die andere Abteilung es mit einem blauen Strich versucht.

Als es vor ein paar Jahren einmal um die Bezeichnung einer neuen Kamerageneration ging, sollten neben dem Markennamen

- eine Submarke (die digitale Kameras von Filmkameras unterscheiden sollte),

▓ eine Kategoriemarke (die eine sehr nachgefragte Produktgruppe kenn-
zeichnete) und

▓ eine Funktionsmarke (die eine spezielle, sehr widerstandsfähige Baurei-
he kennzeichnen sollte)

auf die Verpackung: *Olympus Camedia Mju Tough*. Wer soll sich denn das
merken? Wir haben endlos diskutiert – und dann auf die Submarke ver-
zichtet.

Tipp 4

Wenn Ihr Angebot eine Vielzahl an Produkten umfasst, die sich zwar regel-
mäßig verändern, aber eigentlich doch Abformate eines anderen Produktes
sind, stehen Sie meist vor einem Dilemma: Technisch gesehen handelt es
sich eigentlich um ein leicht verändertes Produkt, das also einen neuen
Namen benötigt. Andererseits haben Sie gerade bei einem gut laufenden
Artikel ein Momentum erreicht, das Sie durch den Wechsel auf einen neuen
Produktnamen komplett wieder aufgeben: Sie müssen Händler, Presse und
Konsumenten davon überzeugen, dass das neue Produkt genauso gut ist wie
der Vorgänger. Das geht leider nicht nur selten schief, sondern auch alle Ihre Investitionen in Kommunikation gehen durch den Generationenwechsel
verloren. Ein leider trauriges Beispiel dafür sind die Anbieter von Kameras
oder PCs.

Perfekt hat dieses Problem schon vor Jahrzehnten der japanische Konzern
Casio mit seinen Taschenrechnern gelöst: Innerhalb des damals recht umfangreichen Sortimentes von Taschenrechnern gab es einige, die ganz besonders für die Ausstattung von Schulen geeignet waren. Einerseits war man
mit Produkten wie dem FX-85 unbestrittener Marktführer, andererseits
musste dieses Produkt regelmäßig angepasst werden, um neue Funktionen
oder bessere Displays einzubauen oder einfach nur das Design modisch zu
halten. Was also tun? Würde die neue Generation einen anderen Namen
(FX-90?) erhalten, müsste man Händler, Lehrer und Eltern erst wieder von
dem Produkt überzeugen – und hätte damit den Wettbewerbern die Türen
zum Markt geöffnet. Die Lösung lag darin, dass *Casio* einfach nur willkürlich
Buchstaben an den Namen anhängte, die sich kein Kunde lange merken
würde. Generation 1: FX-85 N, Generation 2: FX-85 S usw. Im Sprachge-

brauch des Verkaufsteams – und damit im dem der Lehrer und Fachhändler – hieß das Produkt einfach weiter FX-85, dem man bei Erscheinen der nächste Version einfach ein „der neue" FX-85 voranstellte. Schauen Sie bei Gelegenheit doch mal am Taschenrechnerregal Ihres nächsten Elektronikhändlers vorbei. Den FX-85 gibt es sogar heute nach 30 Jahren immer noch, und ebenso lange ist er Lehrern ein fester Begriff.

Der „Watzlawik für Manager"

Vielleicht kennen Sie die Management-Ratgeber, die Erkenntnisse auf einem scheinbar fremden Gebiet in die Sprache der Unternehmenswelt übersetzen. Der *Musashi für Manager* oder der *Clausewitz für Manager* sind Beispiele dafür. Was meines Erachtens unbedingt fehlt, ist der *Watzlawik für Manager*.

Paul Watzlawik war bekannt für seine Analysen über Kommunikation, und der Buchtitel *Watzlawik für Manager* müsste meines Erachtens auch nur einen einzigen Satz enthalten – was zudem den Vorteil des schnellen Lesens hätte:

Man(n) kann nicht nicht kommunizieren!

Eine Frau steht vor dem Kleiderschrank und ruft ihrem Mann zu:

„Welches Kleid soll ich anziehen, das blaue oder das grüne?"

Eine unfassbar gefährliche Frage, denn der Mann hat in diesem Moment schon verloren. Egal, was er jetzt sagt, er kann nicht mehr gewinnen.

„Das grüne."

„Aber wieso das grüne? Magst du das blaue nicht?"

„Dooooooch, natürlich mag ich das blaue."

„Aber wieso soll ich dann das grüne anziehen?"

Sie sehen, ein Dialog von fast schon Loriot'scher Qualität, der sich da entspinnt …

Aber hätte der Mann gewinnen können, indem er einfach gar nichts antwortet? Lassen Sie uns kurz überlegen … nein, wohl nicht:

„Warum antwortest du nicht? Magst du diese Kleider nicht (mehr)?"

So stereotyp und wenig gleichberechtigt diese Anekdote auch aufgebaut ist, sie verdeutlicht dennoch, wie es auch „Markenpersönlichkeiten" geht: Kommunizieren Sie nicht, macht sich der Empfänger eben ein Bild aus dem Schweigen – man kann nicht nicht kommunizieren. Watzlawik at it's best!

Besonders deutlich wird das, wenn man sich einmal den Kundenservice ansieht. Stellen Sie sich bitte vor, Sie hätten einen ärgerlichen Funktionsfehler mit einem Smartphone. Sie melden den Fehler über ein Webformular – weil es keine direkten Kontaktdaten (E-Mail-Adresse, Telefon, Ansprechpartner) auf der Webseite gibt. Dann warten Sie einige Zeit vergeblich auf Antwort. Schließlich suchen Sie im Netz, ob andere Kunden vielleicht ein ähnliches Problem hatten und es gelöst haben. Sie finden die gleiche Problembeschreibung und die Nachricht, dass auch andere vergeblich auf eine Reaktion seitens des Unternehmens warten. Das Unternehmen schweigt einfach. Haben Sie sich nun *kein* Bild von der Marke und dem Unternehmen gemacht? Natürlich haben Sie! Und es ist ganz sicher kein positives Bild, das Sie jetzt haben, richtig?

Übrigens ist das keineswegs ein seltener Zustand. Im Jahr 2013 musste ich meine eigene Infrastruktur erneuern und kaufte mir unter anderem einen Homeserver, ein Smartphone und eine Banking-Software von verschiedenen namhaften Herstellern. Das oben beschriebene Erlebnis hatte ich in allen drei Fällen …

Das Servicebeispiel ist einleuchtend, keine Frage. Aber warum wenden wir diese Erkenntnis nicht an, und zwar von Anfang an? Der Anfang, das ist der Moment, in dem ich mit meinem Angebot in einen Markt eintrete – ganz gleich, ob ich einen Gemüseladen oder die Europazentrale einer chinesischen Elektronikmarke eröffne. An dem Tag, an dem zukünftige Kunden mit meiner Marke in Verbindung treten könnten, sollte ich ihnen auch sagen, wofür diese Marke steht. Tue ich das nicht … na ja, siehe oben eben.

Wenn Sie sich gefragt haben, was das Kapitel bis hierhin mit Strategie zu tun haben mag: Nun, dies ist also der Moment, in dem wir endlich zum Thema „Markenversprechen" kommen. Auch das gehört unweigerlich in den Kanon der manchmal schwer zu vermittelnden strategischen Vorüberlegungen, die Unternehmen anstellen sollten – und leider viel zu selten richtig tun.

Tipp 5

Wenn Sie sich nicht überlegen, welches Markenversprechen Sie Ihrem Kunden geben wollen, wird Ihr Kunde sich eine eigene Meinung bilden. Ob das dann aber eine Einschätzung in Ihrem Sinne ist, ist zumindest fraglich.

Grundsätzlich leidet dieser Teil auch wieder am Glamour-Virus. Unternehmen, soweit sie sich überhaupt Gedanken darüber machen, was denn ihr Markenversprechen sei, laufen gerne Gefahr, aus eigenem Antrieb oder durch umtriebige Berater aus dieser eigentlich simplen Hausaufgabe ein Hexenwerk zu machen. Da werden Strategiemeetings einberufen, Kreativworkshops veranstaltet, Claims und Slogans diskutiert und alles in Formalismen gegossen, die „man im Marketing so machen muss". Dabei – bitte verraten Sie niemandem, dass ich das ausgeplaudert habe – gibt es dafür gar keine festen Regeln! Bis auf eine einzige vielleicht: Ihr Kunde sollte irgendwie verstehen, wofür Ihre Marke steht.

Lassen Sie uns zu diesem Thema doch ein paar konkrete Markenversprechen ansehen.

- Die Unternehmen *REWE* und *EDEKA* fahren zum Zeitpunkt der Drucklegung dieses Buches eine ganz ähnliche Strategie im Hinblick auf Ladenbau (ein edles Einkaufserlebnis) und Produktangebot (hochwertiges Vollsortiment mit Frischebereich). Dennoch geben beide Wettbewerber kurz und knackig (wenn auch aus meiner persönlichen Bewertung mit unterschiedlichem Erfolg) ein Markenversprechen ab: *REWE* appelliert an den Verstand und verspricht „Besser leben". *EDEKA* agiert auf allen verfügbaren Kanälen sehr emotional und behauptet „Wir lieben Lebensmittel".

- Der japanische Elektronikkonzern *Casio* stand in den 80ern und 90ern vor dem Problem, einen Bauchladen unterschiedlichster elektronischer Produkte vermarkten zu müssen – Uhren, Taschenrechner, Keyboards, Minifernseher, Registrierkassen – und praktisch täglich kamen neue, manchmal schräg anmutende Produkte hinzu. Was macht man damit?

It's not a bug, it's a feature: Fast zehn Jahre lang versprach das Unternehmen deshalb „Ideen werden Wirklichkeit". Besser hätte man die manchmal überbordende Innovationsfreude des Konzerns damals nicht beschreiben können.

▓ Aber es muss keineswegs immer ein Marken-Slogan sein, mit dem das Markenversprechen kommuniziert wird: Die Bahn ließ Bilder und Anzeigen sprechen, als sie noch die *Deutsche Bundesbahn* war: „Alle reden vom Wetter. Wir nicht."

▓ Leider viel zu kurz hat der Autobauer *Renault* sein Markenversprechen mit einem völlig sprachlosen TV-Commercial erzählt. Eine wirklich wunderschöne Kostprobe davon findet man auf *YouTube* noch, wenn man nach „*Renault* Werbung Baguette"[15] sucht. Viel Spaß dabei!

Tipp 6

Lassen Sie sich von keinem Berater oder Fachbuch einreden, es gäbe eine „richtige" Methode, wie man Markenversprechen erarbeitet oder kommuniziert. Machen Sie es einfach so, dass Ihr Kunde es versteht – der wird dieses Fachbuch nämlich auch nicht erst lesen.

Nun gestehe ich, dass ich sympathisch daherkommende, kreative Kommunikation persönlich mag und deshalb den *Renault*-Spot, die reduzierten Wetter-Anzeigen der Bahn oder den aktuellen viralen Film von *EDEKA* sehr gerne ansehe. Aber Achtung: Eine kreative Umsetzung allein, ganz gleich, wie sympathisch sie daherkommt, heißt nicht zwangsläufig, dass Sie Ihrer Marke damit wirklich Gutes tun. Geneigte Leser meiner Bücher wissen, wie ich dazu stehe.

Wenn Sie sie nicht kennen, schauen Sie sich doch bitte kurz einmal die *EDEKA*-TV-Spots und den viralen Film an. Die Spots finden Sie auf *YouTube* mit dem Suchbegriff „*EDEKA* TV-Spot", das vielbeachtete virale Video finden Sie unter „*EDEKA* supergeil". Und nun betreten Sie mit mir bitte einen dieser leider noch viel zu häufig vorhandenen *EDEKA*-Supermärkte im inzwischen etwas muffigen Designcharme der 70er (vgl. Abb. 1).

---

[15] www.youtube.com/watch?v=FxNfhftIR2o Zugegriffen: 1. Oktober 2014

Abbildung 1   *EDEKA*-Markt in Baden-Württemberg: Wir lieben Lebensmittel?
(Quelle: © Heino Hilbig 2014)[16]

Was bleibt an positiver Wirkung der „Wir lieben Lebensmittel"-Aussage in so einem Geschäft übrig? Eben! Wenn so ein Exemplar der Laden Ihres Vertrauens an Ihrem Wohnort ist, kehrt sich die Wirkung ganz schnell ins Gegenteil um.

Oder stellen Sie sich nur vor, welchen Eindruck es im Winter 2002 auf Reisende, Journalisten oder Tagesschau-Zuschauer gemacht hätte, hätte die Bahn noch immer das Bild des unverwüstlichen, wetterunabhängigen Transportmittels verbreitet. Damals mussten kurz hinter Bremen Hunderte von Menschen bei Minusgraden sechzehn Stunden in zwei ICEs ohne Heizung und Strom ausharren – nur weil die Bahn so lange brauchte, um am

---

[16] Alle Abbildungen können Sie unter www.mayflower-concepts.com/Gorilla in höherer Auflösung ansehen.

Weihnachtsabend Dieselloks und die entsprechenden Lokführer zum Abschleppen der beiden Züge zu organisieren![17] Alle reden vom Wetter? Danach sicher!

Kunden und Interessenten reagieren verständlicherweise sehr gerne ungehalten, wenn ein Unternehmen mehr zu seiner Marke verspricht, als es zu halten fähig und bereit ist. Deshalb kommt es eben nicht nur darauf an, dass man Unwägbarkeiten wie dem Wetter aus dem Wege geht, sondern dass man auch bereit ist, dieses Markenversprechen einzulösen, wenn die Rahmenbedingungen eben mal nicht ganz so positiv sind.

Garantieren Sie den lebenslang kostenlosen Update-Service auch dann noch, wenn Sie zwei Geschäftsjahre hintereinander die Gewinnziele verfehlt haben? Sind Sie auch dann noch preislich attraktiv („Geiz ist geil!"), wenn Ihnen die Umsätze wegbrechen? Bieten Sie auch dann noch 24/7-Lieferung, wenn Sie Ihre Mitarbeiterstruktur reduzieren müssen? Kurz: Sind Sie bereit, Ihr Markenversprechen auch dann einzuhalten, wenn es eine wirtschaftliche Einbuße oder einen Wettbewerbsnachteil mit sich bringen würde? Ich bin wirklich gespannt, ob *EDEKA* seine Lebensmittel-Liebe solange durchhält, bis auch die letzte Filiale dieses Versprechen wirklich einlöst ...

Wie man richtig mit dieser Frage umgeht, wenn man sich nicht so sicher über sein eigenes Durchhaltevermögen ist, zeigt die aufgezeichnete Vorstandsitzung der 08/15 Bank, die Sie auf *YouTube* mit den Stichworten „Sparkasse Fähnchen" finden werden[18]. Vielleicht nicht unbedingt die erfolgversprechendste Marketingmaßnahme – aber definitiv eine ehrliche Haltung zum Thema Markenversprechen. Viel Spaß!

---

[17] www.stern.de/panorama/wetterchaos-weihnachten-im-zug-502155.html. Zugegriffen: 1. Oktober 2014
[18] www.youtube.com/watch?v=AcPbbpWedbI. Zugegriffen: 1. Oktober 2014

Tipp 7

Wenn Sie sich entscheiden, Ihr Markenversprechen zu formulieren und es auch zu kommunizieren (was Sie definitiv tun sollten), dann stellen Sie unbedingt sicher, dass Sie dieses Versprechen auch halten können. Nichts ist so kontraproduktiv wie fehlende Glaubwürdigkeit bei Mitarbeitern und Kunden!

Prognosen sind schwierig, besonders wenn sie die Zukunft betreffen

Seit ein paar Jahren gibt es tatsächlich die Berufsbezeichnung „Keynote Speaker". Das ist meist ein sehr gut bezahlter Mann (seltener eine Frau), der den Anfang einer sonst eher fachlich-sachlichen Konferenz oder eines Konferenztages einläutet. Kongressorganisatoren nutzen diese rednerisch meist erfahreneren Menschen gerne für pointierte Eröffnungsvorträge. Danach haben die Besucher etwas zu reden, der ganzen Veranstaltung verleiht das eine gewisse Würze – und der Kongress wird insgesamt positiv bewertet. Dagegen ist grundsätzlich auch nichts zu sagen, denn so funktioniert das Kongresswesen nun einmal.

Aus meiner Sicht eher spaßig wird es allerdings, wenn der Veranstalter einen sogenannten Visionär gebucht hat – jemanden, der den Zuhörern in schillernden Farben die von ihm erwartete Zukunft erzählt, so eine Art Nostradamus des Marketing gewissermaßen. Mein persönliches Highlight im Jahr der Entstehung dieses Buches war ein Sprecher, der die abenteuerlichsten Techniken beschrieb, die wir alle schon in wenigen Jahren in Hirn und Augen eingepflanzt bekämen, um die schöne neue Welt mit anderen Augen sehen zu können. Da mutiert ein seriöser Vortragender schnell zum Pausenclown.

Dennoch, die Sehnsucht nach ein bisschen weniger Ungewissheit, was die Zukunft angeht, ist offensichtlich groß – im Kleinen ebenso wie im Großen: Jedes Jahr wieder schauen Medien nämlich gerne zurück zu den Prognosen am Anfang des Jahres, um ernüchtert feststellen zu müssen, dass weder die von Experten erwarteten Hochwasser noch die klimabedingten Flutwellen gekommen sind und dass der König von England immer noch nicht Charles heißt.

Auch bei ernsthaften Expertisen reicht es nie zu mehr als zu reinem Raten. Wenn es zum Beispiel um die Entwicklung der Wirtschaft geht, liegen die Wirtschaftsweisen so sehr daneben, dass sich das sogar das renommierte

Handelsblatt 2012 dazu hinreißen ließ, der fehlenden Glaubwürdigkeit einen Artikel mit der Überschrift „Die Irrtums-Industrie" zu widmen.[19]

Solche bitterbösen Analysen der Analysen findet man im Netz zuhauf – *Google* liefert reichlich Futter, wenn man nur „Wirtschaftsprognosen und Realität" eingibt:

▨ Auf der Seite pdwb.de setzt sich der unbekannte, aber offensichtlich fachkundige Verfasser auf dreißig Seiten mit den Wirtschaftsprognosen der führenden Institute zwischen 2005 und 2010 auseinander und zeigt auf, dass die Ganzjahresprognosen selbst drei (!) Monate vor Ende des vorherzusagenden Jahres noch massiv abweichen.[20]

▨ In einer von der *Süddeutschen Zeitung* durchgeführten Analyse der Konjunkturprognosen von 46 renommierten Instituten für das Jahr 2013 wurden in den Bereichen Konsum, Export und Investition insgesamt 130 Vorhersagen von Ende 2012 überprüft und mit kleinen grünen (richtige Prognose) und roten (Fehlprognose) Markierungen versehen.[21] Von den 130 Markierungen waren ganze 36 grün …

Nun ist das an sich kein Beinbruch, schließlich benötigt man ja nur ein einziges Institut, das die Zukunft – in diesem Fall die Entwicklung der Weltwirtschaft – halbwegs zuverlässig vorhersagt. Nur waren leider auch die Vorhersagen der „erfolgreichen" Institute wohl eher Zufallstreffer, denn von den fünf besten Schätzern im aktuellen Jahr lagen vier in der Vorjahrestabelle am unteren Ende auf den Plätzen 40, 41, 44, und 47 …

Wen wundert es da noch, dass absolut kein „Experte" ein so marginales und unwichtiges Ereignis wie die globale Finanzkrise 2008 vorhergesehen hat? Tatsächlich hat diese Krise für einen ganz kurzen Moment das Selbstvertrauen der Zukunftsforscher ein kleines bisschen erschüttert: Klaus Zimmermann, der damalige Chef des Deutschen Instituts für Wirtschaftsforschung (DIW), hatte im Winter 2008 angesichts des dramatischen Absturzes

---

[19] *Handelsblatt* Nr. 207 vom 25.10.2012
[20] Prognosen der Weltbevölkerung, www.pdwb.de/nd08.htm Zugegriffen am 17. November 2014
[21] www.sueddeutsche.de/wirtschaft/rangliste-der-konjunktur-prognosen-wer-richtig-lag-1.1852184

der Wirtschaftsleistung das Ende aller Prognosen verkündet. Noch eine Prognose, die leider wieder nicht eingetroffen ist.

Aber warum liegen Experten mit Zukunftsprognosen so gerne daneben? Das liegt an einem einfachen, wie immer wieder gerne übersehenen Gesetz: Unerwartete Entwicklungen lassen sich nun einmal nicht vorhersagen – sonst wären sie nämlich nicht „unerwartet". Und von diesen Ereignissen gibt es in jedem Teil unseres Lebens täglich genug. Denken Sie nur einmal daran, wie oft Ihnen schon zum Beispiel beim Stadtbummel (völlig unerwartet) jemand begegnet ist, den Sie an dieser Stelle und zu dieser Zeit nie dort erwartet hätten. Jemand, den Sie schon lange nicht mehr gesehen haben – oder jemand, mit dem Sie erst vor kurzem an einem ganz anderen Ort zusammengetroffen sind.

Wenn es nun noch bei so einem Treffen nicht nur beim überraschten „Hallo" bleibt, dann beginnen Interaktionen, aus denen sich praktisch alles ergeben könnte: Menschen finden so ihre zukünftigen Lebenspartner oder einen neuen Job oder retten ihr Leben, weil sie durch die Begegnung einen Moment später über die Straße gehen, an der sie einen Augenblick früher von einem Auto überfahren worden wären. Eine kleine Begegnung kann also eine riesige Kette von Veränderungen nach sich ziehen – so unwahrscheinlich ein solches Zusammentreffen selbst auch sein mag. Diesen Mechanismus bezeichnet man als den Effekt der Chaostheorie, ein mathematisches Modell, das inzwischen in den verschiedensten Wissensgebieten – und auch in der Wirtschaftstheorie – genutzt und angewandt wird.

Chaotische Zustände? Das klingt absolut unpräzise. Und damit sind chaotische Prozesse für so präzise arbeitende Menschen wie die Kollegen der Weltbank ganz sicher ein unhaltbarer Zustand. Ich vermute, dass es diese berufliche Frustration war, die die Verantwortlichen dann dazu trieb, sich im November 2012 von Wirtschaftsprognosen abzuwenden und stattdessen allen Ernstes eine Prognose zur Erderwärmung abzugeben (vgl. Abb. 2). So, als ob man hoffte, damit glaubwürdiger zu erscheinen …

KLIMAFORSCHUNG

**Weltbank warnt vor
Erderwärmung von vier Grad**

BERLIN :: Die Weltbank warnt eindringlich vor den drastischen Folgen der Erderwärmung. In ihrem jüngsten Klimareport hat sie Regierungen weltweit dazu aufgerufen, die rund eine Billion Dollar (etwa 775 Milliarden Euro) schweren Subventionen für Kohle und andere fossile Brennstoffe in alternative Energietechniken zur Senkung der Treibhausgase umzulenken. Der Report basiert auf einer Studie des Potsdam-Instituts für Klimafolgenforschung und der Organisation Climate Analytics. Demnach befindet sich die Welt auf einem Kurs, der schon bis Ende des Jahrhunderts zu einer Erderwärmung von vier Grad Celsius führen dürfte.   (dpa)

Abbildung 2   Die Weltbank macht jetzt Wettervorhersagen
(Quelle: *Hamburger Abendblatt* vom 19.11.2012)

Bevor wir jetzt aber zu sehr abschweifen, lassen Sie uns den Bogen wieder schlagen zu unserem Thema, der Marketingstrategie. Viele Strategien fußen auf dem irrigen Glauben, man könne die Zukunft irgendwie eingrenzen und sie mit einer gewissen Wahrscheinlichkeit vorhersagen, um anschließend das eigenen Handeln danach auszurichten. Der ganze bisherige Teil dieses Kapitels diente nur dazu, Ihnen deutlich zu machen, dass niemand, auch kein Experte, Zukunft vorhersagen kann!

Die großen Misserfolge dieser Methode im Marketing sind gleichzeitig auch die großen Lacher:

> *„Ich glaube, es gibt einen weltweiten Bedarf an vielleicht fünf Computern." (IBM-Chef Thomas Watson, 1943)*

> *„Es gibt keinen Grund für eine Einzelperson, einen Computer zuhause zu haben." (Kenneth Olsen, Gründer der Computerfirma Digital Equipment Corp., 1977)*

Die meisten Zukunftsprognosen sind, das haben Psychologen nachgewiesen, nichts anderes als Fortschreibungen der Vergangenheit. Wir urteilen auf der Basis dessen, was wir meinen, über die Vergangenheit zu wissen, und schreiben diesen Verlauf einfach fort. Das Ergebnis – nun darüber haben wir jetzt lange genug gesprochen – ist in allen Segmenten extrem dürftig.

Der langen Rede kurzer Sinn: Wenn Sie mit mir nun der Meinung sind, dass absolut niemand die Zukunft sicherer vorhersagen kann, als man es durch einfaches Münzwerfen auch hinbekäme, welchen Sinn macht es dann noch, ausgeklügelte Wettbewerbs- und Marktprognosen darauf basierend zu entwickeln? Werden Sie Ihren Markt damit auch nur annähernd richtig beschreiben?

Tipp 8

Verschwenden Sie bei Ihrer Strategieentwicklung nicht allzu viel Zeit auf die Identifikation von Zukunftsszenarien. Alleine dadurch, dass Sie anders handeln, als Ihr Wettbewerber das erwartet, werden Sie alle seine Pläne durchkreuzen – und Ihr Wettbewerber muss darauf reagieren, was wieder eine Veränderung der zukünftigen Entwicklung bedeutet ... und so weiter und so weiter und so weiter ...

Aber warum sind Menschen trotzdem so auf solche Zukunftsprognosen aus? Und warum geben Unternehmen trotz der leicht nachprüfbaren Fehlbarkeit so viel Geld für Studien und horrende Beraterhonorare aus?

Der Mathematiker David Orrel beschreibt in seinem Buch über die Geschichte von Prognosen[22] eine Episode aus dem Leben des Nobelpreisträgers Kenneth Arrow, der im Zweiten Weltkrieg Wettervorhersagen für die US Air Force erstellen musste. Er fand heraus, dass diese Vorhersagen praktisch nur zufällig auch eintrafen, also keinerlei wissenschaftlichen Wert besaßen und informierte sein Kommando entsprechend. Die Antwort der militärischen Hierarchie sagt heute noch alles: „The commanding general is well aware that the forecasts are no good. However, he needs them for planning

---

[22] Orrell, David, *Future of Everything: The Science of Prediction*, New York, Basic Books, 2008

purposes." [23] Menschen brauchen Sicherheit, wenn sie an die Zukunft denken. Die Sucht nach der Prognose ist die Sehnsucht nach Sicherheit.

Manager treffen nicht nur Entscheidungen in Unternehmen – sie müssen für diese Entscheidungen meistens auch geradestehen. Und weil es ehrlicherweise keinen Spaß macht, in einer Vorstandssitzung dafür zur Rechenschaft gezogen zu werden, dass ein vorhergesagter Erfolg einer Aktion oder Marketingkampagne leider doch nicht eingetreten ist, versuchen Marketeers, wie alle anderen Menschen auch, sich abzusichern.

Anlass für ungnädiges Knurren auf Vorstandsseite gäbe es durchaus genug. Es gibt schließlich mindestens so viele erfolglose oder bestenfalls wirkungslose Marketingmaßnahmen wie es erfolgreiche gibt. (Okay, ich gebe zu, dass das nur eine begründete Vermutung ist. Da es nämlich keine sinnvolle Statistik zu Erfolgsraten von Marketingkampagnen gibt, kann ich diese Aussage nicht beweisen – es kann sie aber auch niemand wiederlegen.)

Und so nehme man

* eine externe Studie,

* eine Statistik oder

* im Notfall auch nur ein paar wild zusammenkorrelierte Daten, die ein Beratungsunternehmen, ein Professor (kommt immer gut!) oder ein Verband in eine Excel-Grafik gegossen hat,

und argumentiere damit für die zu treffende Entscheidung. Stellt sich der Erfolg dann wider Erwarten doch nicht ein, dann kann es ja nur an der nicht sehr zuverlässigen Studie gelegen haben ...

Zukunftsprognosen als seriöses Tool im Marketing? Vergessen Sie es am besten einfach!

---

[23] „Der kommandierende General ist sich darüber bewusst, dass diese Vorhersagen unbrauchbar sind. Er benötigt sie dennoch zur Planung."

Die Rolle rückwärts – oder:
Der König ist tot, es lebe der König!

Ich weiß nicht so genau, wie ich Ihnen das nun folgende Kapitel schmackhaft machen kann, nachdem ich im vorherigen hoffentlich überzeugend war. Aber – wir machen jetzt ganz kurz eine Rolle rückwärts: Richtig und bewusst eingesetzt, machen „Zukunftsprognosen" aus Marketingsicht trotzdem durchaus Sinn. Die Sehnsucht der Menschen nach Sicherheit sorgt dafür, dass solche Blicke in die Zukunft – insbesondere, wenn sie glaubhaft vorgetragen werden – in der Regel große Aufmerksamkeit genießen.

Von dieser Aufmerksamkeit lebt der Keynote Speaker, mit dem ich das letzte Kapitel eröffnet hatte. Genau so ist aber auch der teuerste Wertverlust der Geschichte in der Finanzkrise 2008 entstanden, denn faktisch hatte sich ja durch die Insolvenz der Lehman Bank kein einziges Haus, kein Grundstück oder sonst ein Wert verändert. Nur Ratings, also die Zukunftsprognosen – erst der Banken, später sogar der Staaten – hatten sich verändert.

Diese Macht, die glaubhaft vorgetragene Prognosen haben, kann man natürlich bewusst einsetzen: Wenn Sie jetzt eine Voraussage z.B. für Ihren Markt treffen und diese gut begründen, dann geben Sie Ihrer Fachpresse, Ihrem Handel und sogar den Mitarbeitern Ihrer Wettbewerber genau ein bisschen von dem, was sie suchen: Sicherheit. Und was tun Menschen, wenn sie an eine bestimmte Entwicklung für die Zukunft glauben? Richtig, sie beginnen, danach zu handeln!

Tipp 9

Wenn Sie eine Entwicklung in Ihrem Markt – oder auch im Kleinen in Ihrem Unternehmen – forcieren wollen, entwickeln Sie ein griffiges, leicht formulierbares Zukunftsszenario dazu und begründen Sie dieses so gut Sie können. Je besser und bildhafter Ihr Szenario ist, je besser es begründet ist und je überzeugender Sie dieses propagieren, desto größer ist die Wahrscheinlichkeit, dass Sie Ihren Markt genau in diese Zukunft bewegen. Das ist dann die Marketingversion der sich selbsterfüllenden Prophezeiung.

Forecasts: Planlos in Seattle?

Nun will ich mit den vorherigen Kapiteln keineswegs sagen, dass Sie sich nicht mit der Zukunft beschäftigen sollen. Die Frage ist nur, ob der Aufwand, eine völlig ungewisse Zukunft berechnen zu wollen, tatsächlich sinnvoll ist.

Zukunft kann man nicht berechnen – aber man muss sie vorbereiten. Wenn Sie nicht gerade einen Obst- und Gemüseladen betreiben, dessen Morgen dem Gestern und Heute weitestgehend ähnelt, werden Sie einen Plan brauchen. Und damit gestalten Sie Ihre Zukunft. Und nicht nur Ihre, denn – siehe vorheriges Kapitel – Ihre Aktion wird eine Reaktion Ihres Mitbewerbs erzeugen usw. Das mag jetzt vielleicht philosophisch klingen, hat aber einen ganz praktischen Wert, denn Zukunftsprognosen darf man nicht mit strategischer Planung und taktischem Vorgehen verwechseln.

Bevor wir jedoch tiefer in diese Materie eintauchen, lassen Sie uns mit einer körperlichen Ertüchtigung beginnen – natürlich nur, wenn Sie halbwegs allein sind und dadurch nicht unangenehm auffallen.

Nehmen Sie sich ein Blatt Papier und einen Stift und suchen Sie einen bekannten Ort in Ihrer mittelbaren Umgebung in einer Entfernung von einem bis zwei Kilometer. Den nächsten Supermarkt, das Einkaufszentrum, die Bushaltestelle zum Beispiel – aber bitte keinen, den Sie sehen können. Nun zeigen Sie mit Ihrem Finger dorthin, wo Sie diesen Ort vermuten. Auf dem Blatt Papier vor Ihnen zeichnen Sie jetzt einen Pfeil in genau diese Richtung. Diese Übung wiederholen Sie für einen mindestens zwei Bundesländer entfernten Ort (also z.B. Düsseldorf, falls Sie in Hamburg oder München wohnen) und ein letztes Mal für beispielsweise London oder New York. Zum Abschluss nehmen Sie ein Handy oder Tablet mit Navigationssystem, legen es vor sich und suchen die Richtung, in der die genannten Orte wirklich liegen.

Ich vermute, dass bei Ihnen folgendes Ergebnis auf dem Papier zu finden ist: Den Ort in Ihrer Nähe haben Sie recht genau mit maximal fünf bis zehn Grad Abweichung gefunden, Düsseldorf liegt schon bei etwa zwanzig Grad Abweichung und alle Städte, die sehr viel weiter weg sind, haben Sie vermutlich noch ungenauer verortet. Richtig?

Wenn es um Entfernungen geht, erscheint uns diese wachsende Ungenauig-
keit selbstverständlich. Niemand käme auf die Idee, mit dem Finger Richtung Düsseldorf zu zeigen, sich ins Auto zu setzen und dieser Richtung stur
500 Kilometer weit zu folgen. Wir wissen, dass der Zielort ganz woanders
liegen könnte, als der Ort, den wir mit der Fingerzeigeübung anvisiert haben. Also werden wir unsere strategischen und taktischen Überlegungen
darauf abstimmen:

Stellen Sie sich also vor, Sie sollten – ganz „old school" – ohne Navigationssystem und Karte von Hamburg nach Düsseldorf-Eller fahren. In Hamburg
kennen Sie sich aus, und Sie wissen, dass Düsseldorf südlich liegt. Wie würden Sie Ihre Reise bei der Abfahrt planen? Taktisch würden Sie vermutlich
in Etappen denken: Den Weg von Ihrem Wohnort bis zur Autobahn kennen
Sie gut – diesen Teil planen Sie also sehr genau. Für die Fahrt auf der Autobahn haben Sie eine ungefähre Idee, die Sie in Abhängigkeit von den Aus-
schilderungen entlang der Strecke anpassen werden. Und vorausgesetzt, Sie
kennen Düsseldorf nicht, werden Sie den letzten Teil, die Suche des Stadt-
teils Eller, überhaupt nicht planen. Stattdessen setzen Sie darauf, dass es vor
Ort Hinweisschilder oder freundlichen Tankwarte gibt, die Ihnen weiterhel-
fen.

Offensichtlich machen Sie also einen deutlichen Unterschied in Ihrem Pla-
nungsverhalten, je nachdem, wie weit entfernt der Reiseabschnitt ist und
wie genau bzw. ungenau Sie darüber Bescheid wissen.[24] Sie „tasten" sich
quasi an die Zukunft heran und passen Ihre Aktionen jederzeit an, wenn Sie
merken, dass der aktuelle Weg nicht zum Ziel führt.

Geht es jedoch nicht um eine örtliche Annäherung an ein Ziel, sondern um
eine zeitliche, dann gehen wir damit häufig ganz anders um. Bei der Jahres-
budgetplanung beispielsweise nehmen wir ein paar Daten aus der Vergangenheit, rechnen diese auf die nächsten zwölf bis 24 Monate hoch und bauen
darauf die Umsatz-, Gewinn- und Investitionsplanung auf. Ich habe noch
nie ein Unternehmen kennengelernt, bei dem diese Rechnung wirklich zuverlässig aufging. Entweder lagen die Ergebnisse über den Erwartungen –

---

[24] Natürlich wären Sie niemals so gereist – früher hätten Sie sich die Strecke mit Karten angesehen, heute mit *Google Maps* und *StreetView*. Aber als Gedankenexperi-
ment ist diese Analogie extrem nützlich.

Lob am Jahresende für alle Beteiligten! – oder die „Ziele wurden dieses Jahr zu unserem großen Bedauern nicht erreicht".

Nun werden Pragmatiker unter Ihnen vielleicht darauf hinweisen, dass man in den Unternehmen der Pragmatiker über einen Zeitraum von mehreren Jahren aber doch „ganz gut gelegen habe" damit – mal etwas drüber, mal etwas drunter, aber in der Summe doch ganz gut. Warum also solle man etwas ändern?

Das ist wohl richtig, liegt aber nicht an einer guten Planung, sondern nur an einem einfachen statistischen Gesetz:

> Betrachten wir einen wirklich schlechten (!) Dart-Spieler, den wir stundenlang auf den Mittelpunkt der Scheibe werfen lassen. Von allen Würfen wird der Abstand zum eigentlichen Ziel markiert und in ein Koordinatensystem eingetragen. Statistisch gesehen wird dieser Spieler genauso häufig über das eigentliche Ziel hinwegwerfen wie sein Pfeil darunter stecken bleibt – und ebenso häufig liegt er links daneben wie er rechts vorbeiwirft[25]. Addieren Sie nun alle Abstände wie in einem Koordinatensystem (Würfe über dem Zentrum = positiver Abstand; Würfe darunter = negativer Abstand), werden Sie feststellen, dass die Summe aller Würfe, also der Mittelwert der Treffer, mehr oder minder in der Mitte der Dartscheibe liegt. Statistisch gesehen wirft dieser Spieler also perfekt – aber macht ihn der Mittelwert zu einem guten Spieler? Wohl kaum!

Mal drüber, mal drunter liegen und deshalb im Mittel ganz gut sein ist also eine Eigenschaft, die auf alle statistischen Prozesse zutrifft. „Trend zum Mittelwert" nennt das der Statistiker.

Lassen Sie uns die zwei Erkenntnisse also noch einmal zusammenfassen:

1. Kein Zukunftsbild, ganz gleich, wie kurzfristig man plant, wird genau so eintreffen wie vorhergesagt.

---

[25] Ganz stimmt das Beispiel nicht, denn bedingt durch die Gravitation neigen die meisten Menschen dazu, eher zu tief zu werfen. Das wird erst nach vielen Würfen durch einen höheren Schwung nach oben korrigiert.

2. Wenn eine Unternehmensplanung exakt erreicht wird, ist das eher ein unwahrscheinlicher Zufall denn gute Planung.

Welchen Sinn macht es dann aber, Marketingmaßnahmen, beispielsweise für das laufende Geschäftsjahr, „fest" zu planen?

Tipp 10

Märkte und Wettbewerbssituationen sind dynamische Prozesse, die sich nicht ändern, nur weil es einen Geschäftsjahreswechsel gibt. Ideale Marketingprozesse sollten daher dynamisch angelegt sein und erlauben, innerhalb vordefinierter Maßnahmen zu wechseln, je nachdem, wie die Reaktionen auf die Aktivitäten ausfallen.

Es soll Unternehmen geben, die im Marketing tatsächlich dynamisch arbeiten, wenn auch eher im Sinne von „digital": ein oder aus. Läuft das Geschäft nicht wie erwartet, werden die geplanten Marketingmaßnahmen reduziert oder gar ganz gestrichen. Das ist natürlich nicht die Dynamik, von der wir hier sprechen. Sie stellen ja auch nicht Ihr Fahrzeug auf der Autobahn ab – oder fahren nur noch 20 km/h, nur weil Sie sich auf dem Weg nach Düsseldorf-Eller verfahren haben – also das Ziel nicht wie geplant erreichen. Vielmehr geht es darum, Maßnahmen nur für den Zeitraum fest und präzise zu planen, der aufgrund von Produktions- oder Buchungszeiten unbedingt erforderlich ist. Für die weitere Zukunft plant man dann verschiedene Alternativ-Szenarien, die je nach Marktgegebenheit aufgerufen werden.

Hier kommt nun Ihr Mitbewerber ins Spiel. Denn auch, wenn Sie die Zukunft Ihres Marktes nicht vorhersehen können, die Aktionen Ihrer Wettbewerber lassen sich durchaus errechnen. Das ist der taktische Teil der Marketingarbeit, der mit einem Schachspiel vergleichbar ist. Auch Ihr Mitbewerber kennt die Zukunft ja nicht, und deshalb werden seine Züge wesentlich von seinen internen Faktoren wie Innovationsfreude, Budget und, falls vorhanden, langfristige Strategie abhängen. Je besser Sie ihn studiert haben, desto präziser können Sie seine Bewegungen vorausplanen und Ihre Maßnahmen darauf abstimmen. Und je dynamischer Ihr Marketingkonzept geplant und angelegt ist, desto erfolgreicher agieren Sie – wie eben beim Schach.

Tipp 11

Nutzen Sie den Marketing-Funnel, um die Umsetzung Ihrer Strategie zu kon-
kretisieren (vgl. Abb. 3). Je weiter Sie in die Zukunft planen, desto mehr
Alternativen legen Sie an, die jedoch auch weniger konkret vorbereitet
sind: Innerhalb des Produktionslevels haben Sie nur ein Maßnahmenpaket,
welches Sie umsetzen. Außerhalb des Produktionslevels, jedoch innerhalb
des Rahmens, für den Sie Ihr Budget planen können, bereiten Sie mit Ihrer
Agentur verschiedene Alternativen vor, die Sie bei Bedarf schnell umsetzen
können. Und ab dem strategischen Level haben Sie die Richtung, nicht jedoch konkrete Kommunikationsmittel vorbereitet.

Abbildung 3   Der vierstufige Marketing-Funnel
(Quelle: © Heino Hilbig 2014)

Marktforschung:
Wofür brauchen Sie Computer?

Die folgende Geschichte habe ich von einem US-Kollegen so erzählt bekommen. Nach allem, was ich aus dieser Zeit weiß, trifft sie mehr als zu.

Zu Zeiten, als Steve Jobs und Steve Ballmer an Ihren ersten *Apples* bastelten, wurden findige *IBM*-Mitarbeiter auf das Projekt aufmerksam und schlugen vor, sich dieses Themas ebenfalls anzunehmen. Ein Computer für normale Menschen in normalen Haushalten – eine geradezu revolutionäre Idee damals.

Nun ist eine solche Entscheidung für Konzerne nichts, was man mal eben zwischen Tür und Angel erledigt, und also wurde, wie es in Großunternehmen immer schon die Regel war, der übliche formale Weg gegangen: Man lotet das Marktpotenzial eines Computers durch eine Marktforschung aus.

In Zeiten, in denen das Telefonieren noch ein Vermögen kostete und sich nicht einmal *IBM* so etwas wie ein „Internet" vorstellen konnte, war Marktforschung immer eine Angelegenheit des persönlichen Kontakts zwischen Fragestellern und befragter Zielgruppe. Ich stelle mir also eine Gruppe US-amerikanischer Marktforschungsmitarbeiter mit weißem, kurzärmeligem Hemd und schmaler Krawatte vor, die in den Siebzigern des letzten Jahrhunderts tagsüber von Tür zu Tür zogen, klingelten und denjenigen, der öffnete, freundlich, aber bestimmt ausfragten. Der Fragenkatalog war dabei von den Visionen der beiden Steves inspiriert. Und so muss das Ganze in etwa abgelaufen sein:

Fragesteller: Klingelt zu üblichen Tageszeiten zwischen 9 und 17 Uhr an einer Wohnungstür.

Hausfrau: Öffnet die Tür.

Anmerkung: Das klingt aus heutiger Sicht eindeutig politisch inkorrekt. Aber leider war diese Situation nicht nur in den USA damals durchaus noch Realität. Wer war damals tagsüber zuhause überhaupt erreichbar? Sehen Sie – genau!

Fragesteller: „Entschuldigen Sie, bitte, aber haben Sie Bedarf für einen Computer bei sich im Haushalt?"

Hausfrau: Schaut sich völlig erschrocken in ihrer Wohnung um. „Um Gottes Willen, nein, ich hätte doch gar keinen Platz für so was!"

Anmerkung: Computer waren im Verständnis der meisten Menschen damals ja tonnenschwere Ungetüme, die nach allgemeinem Kenntnisstand von den Nachfolgern Konrad Zuses gerade erst auf Zimmergröße geschrumpft worden waren.

Fragesteller: „Ja, aber wenn so ein Computer auf Ihren Küchentisch passen würde?"

Hausfrau: „Nein, nein, wir können uns so was gar nicht leisten."

Anmerkung: In den Siebzigern verband der Durchschnittskonsument mit dem Begriff Computer eher Mainframe-artige Großmaschinen und erwartete natürlich Kosten in Millionengröße.

Fragesteller: „Wenn so ein Computer aber nur 4.000 Dollar kosten würde …?"

Anmerkung: Das war die Idee der beiden Steves für die ersten *Apples*. Leider natürlich unter damaligem Geldwert immer noch eine horrende Summe.

Hausfrau: „Na ja, dann … was macht so ein Computer denn eigentlich? Wofür ist der gut?"

Fragesteller: „Oh, Sie könnten damit zum Beispiel Ihr Haushaltsbudget verwalten."

Hausfrau: „Ja, das mach ich doch mit diesem tollen 100-Dollar-Taschenrechner, der immerhin schon vier Grundrechenarten kann."

Anmerkung: Diese und die nächste Anwendungsidee stammten ebenfalls von den beiden Steves: Man könne mit ihrem 4.000-Dollar-Computer das Haushaltsbuch führen und die Belege aufbewahren.

Fragesteller: „Na ja, Sie könnten auch Ihre Belege damit verwalten."

Hausfrau: Zeigt wortlos auf eine Zigarrenkiste, in der sie alle Belege sammelt. „Ich glaube, ich brauche keinen PC." Schließt die Haustür.

Da klingt vielleicht aus heutiger Sicht ein wenig grotesk, soll aber so oder so ähnlich tatsächlich passiert sein. Als Ergebnis des Ganzen kam die beauftragte Marktforschungsgesellschaft jedenfalls – und damit *IBM* selbst – zu dem sensationellen Schluss, dass es absolut keinen Bedarf für Computer in privaten Haushalten gäbe.

Aus heutiger Sicht irgendwie ein Fehler, finde ich.

Tipp 12

Es ergibt absolut keinen Sinn, Menschen nach irgendetwas zu befragen, was es noch nicht gibt. Nur die Wenigen, die genügend Fantasie besitzen, um sich mit so einer neuen Produktidee kreativ auseinandersetzen zu können, werden Ihnen vielleicht ein paar brauchbare Anregungen liefern. Für alle anderen ist die „Zukunftsidee" eines Computers, eines Autos oder einer Digitalkamera einfach so weit von ihrer Lebensrealität entfernt, dass sie damit nichts anfangen können.

Wettbewerbsstrategie: ein Schritt, ein Atemzug, ein Besenstrich

Die Fußball-Bundesligasaison 2013/2014 war für den Hamburger Sportverein eine arg traurige Angelegenheit. Mit frischem Trainer gestartet, sprach man am Anfang der Spielzeit noch von einem Erreichen der Europa League-Plätze – um dann gnadenlos abzustürzen. Stellen Sie sich bitte für einen Moment mal vor, wie intensiv die öffentliche Häme ausgefallen wäre, hätte einer der beteiligten Vereinsbosse in den folgenden Monaten erklärt, sein großes Ziel sei es, erfolgreich wie Bayern München zu werden – während der Verein sich mit jedem Spieltag dem drohenden Abstieg weiter näherte.

Im Sport ist diese Situation undenkbar. Völlig eindeutig hat sich der HSV bei der Definition seiner Ziele und Strategien an den jeweiligen Vereinen im Tabellenumfeld orientiert und Mittel und Wege gesucht, den erstmaligen Abstieg aus der ersten Liga zu verhindern. Jedes nächste Spiel war dabei das jeweils Wichtigste, und Ziel war es, mindestens einen Tabellenrang nach oben zu steigen. Die Idee dahinter ist so klar wie einfach: Ich muss meine Strategie so ausrichten, dass ich meinen nächsten unmittelbaren Konkurrenten besiege.

So einleuchtend dieses Beispiel vermutlich sofort ist, so wenig wird das Fazit dieser Überlegung in Unternehmen angewendet. Bei Briefing-Gesprächen für Beratungsklienten höre ich heute noch die hehren Ziele, die Produktdesigner, Marketingentwickler oder Strategen meist inoffiziell als Idealvorstellung formulieren: „Wir möchten Produkte so designen und unsere Marke so nachgefragt sehen wie *Apple*, das ist unser Ziel."

Heute *Apple*, früher *Nintendo*, *Sony* oder *IBM*: Die Sehnsucht nach genialem wie wirksamem Marketing ist offensichtlich groß, stehen (bzw. standen) diese Marken doch als Beweis, dass es eine so mächtige Marken- und Produktstrategie geben kann, die in der Lage ist, Märkte erdrutschartig zu verändern.

Aber lassen Sie uns doch kurz einen Blick auf das Erfolgsgeheimnis werfen und die Frage beleuchten, ob diese Sehnsucht, erfolgreich wie der Tabellenführer spielen zu wollen, wirklich erfüllbar ist:

Da ist zum einen natürlich die Priorisierung. Was passiert mit den Spielern des HSV oder eben Mitarbeitern eines Wirtschaftsunternehmens, die sich – auf einem der unteren Tabellenplätze spielend – an einer Marke orientieren, die in einer völlig anderen Klasse spielt? Schaffen überhöhte Ziele eine positive Atmosphäre oder gar Zuversicht? Michael Ende hat es Beppo Besenkehrer in seinem Buch *Momo* so ausdrücken lassen: „Siehst Du, Momo, es ist so: Manchmal hat man eine sehr lange Straße vor sich. Man denkt, die ist so schrecklich lang; das kann man niemals schaffen, denkt man."[26] Die beteiligten – und mehr noch die unbeteiligten – Mitarbeiter empfinden das Ziel als zu groß, als unrealistisch. Und fehlt der Glaube an das Ziel, wird auch kaum einer Ihrer Mitarbeiter sich dafür einsetzen. Wird ja eh nichts …

Das heißt nicht, dass Sie auf hehre Ziele wie „Bayern München vom Thron stoßen" zu wollen grundsätzlich verzichten müssen. Sie brauchen nur einen langfristigen Plan dafür. Auch dafür hat Beppo einen Rat: Er teilt seine Straße in kleine Zwischenziele auf: „Ein Schritt, ein Atemzug, ein Besenstrich".

Tipp 13

Setzen Sie sich, Ihrer Marke und Ihren Mitarbeitern nur Ziele, die erreichbar sind. Gerne schwer erreichbar – aber erreichbar. Orientieren Sie sich dabei an Ihrer aktuellen Marktposition, nicht daran, wo Sie idealerweise stehen möchten.

Neben dem zu großen Ziel spricht zudem auch noch ein anderes Argument gegen eine Orientierung an den ganz Großen dieser Welt: Vor einigen Jahren hatte ich eine lange Diskussion mit einem führenden Industriedesigner, als wir über den Wunsch eines gemeinsamen Kunden nach „*Apple*-Design" sprachen. „Die Kunst ist nicht, ein einzelnes Produkt zu designen. Die Kunst von *Apple* ist es, dieses Design konsequent in allen Produkten durchzusetzen", sagte der Kollege damals, um dann kritisch die Frage zu stellen, ob die

---

[26] Ende, Michael, *Momo*, Stuttgart, Thienemann Verlag, 2013

Designer unseres Kunden denn auch bereit wären, für dieses Ziel die Arbeitsbedingungen von *Apple* zu akzeptieren.

Nein, weder der Designer noch ich besitzen Geheiminformationen über mögliche unhaltbare Arbeitsbedingungen hinter den Türen des US-Konzerns. Gemeint war vielmehr, dass Designer – übrigens ebenso wie Marketeers – als kreative Berufsgruppe viel ihrer Kreativität scheinbar aus der Möglichkeit schöpfen, ganz frei denken zu dürfen. Dieser Gestaltungs-Freestyle widerspricht aber eben absolut den engen Korsetts, die den Kommunikatoren und Produktgestaltern in erfolgreichen Unternehmen wie *Apple* gesetzt sind. „Alle (Mitarbeiter unseres Kunden) möchten das Ergebnis, aber keiner würde so arbeiten wollen", fasste der Designer das Gespräch zusammen.

Und einen letzten ketzerischen Gedanken möchte ich Ihnen auf dem Weg an die Spitze Ihrer Branche noch mitgeben: Die Orientierung am Branchenersten und das Kopieren seiner Erfolgsfaktoren – neudeutsch: Benchmarking – stellt nicht selten eine wenig erfolgreiche Sackgasse dar.

In den letzten Jahren war ein junges, unkonventionell spielendes Fußballteam der stärkste Konkurrent des süddeutschen, ewigen Rekordmeisters. Borussia Dortmunds „junger" Trainer Jürgen Klopp ließ die Bayern in einem Jahr richtig alt aussehen und zog am ewiggewinnenden Club vorbei zur Meisterschaft 2012. Sofern Sie Fußballfan sind: Hätte Jürgen Klopp es dahin schaffen können, wenn er sich am Besten orientiert und die Methoden der Bayern kopiert hätte? Nun, vielleicht hätte er mit sehr viel Zeit tatsächlich eine ähnlich starke Mannschaft aufbauen und so ein zweites „Bayern-Team" schaffen können. Zeit ist aber ein Luxus, den Bundesligatrainer eher nicht haben. Zudem hätte er mit einer solchen Mannschaft auch nur „so gut wie die Bayern" werden können, aber eben nicht „besser als die Bayern".

Wer sich also am Branchenprimus orientiert und dessen Methoden kopiert, um „so gut wie ..." werden zu wollen, kann eben bestenfalls nur „so gut wie ..." werden. Aber Sie wollen ja nicht mit Ihrem Konkurrenten *gleich*ziehen und eine nette Kopie werden, sondern Sie wollen an ihm *vorbei*ziehen, oder? Also brauchen Sie doch eher eine Überholstrategie, was im Klartext heißt, Sie müssen die Dinge nicht genau so machen wie Ihr Wettbewerber, sondern Sie müssen ihn überholen. Ob *Apple* das Unternehmen wäre, was es heute ist, hätte es sich an irgendeinem, damals besseren, Wettbewerber orientiert? Ganz sicher nicht!

Tipp 14

Definieren Sie Ihre Markenpersönlichkeit – oder noch besser, leben Sie das, was in Ihrem Unternehmen schon als Markenkern vorhanden ist. Werden Sie nicht zur Kopie Ihres Marktführers. Und greifen Sie Ihren Markt so – mit Ihrem eigenen Weg – an. Definieren Sie damit Ihre Produkte, Ihre Kommunikation, Ihre Distribution, Ihr Preisgefüge.

Tipp 15

Auch wenn Ihr langfristiges Ziel ist, in Ihrem Markt „die Bayern zu schlagen" – Ihre Strategie und Taktik sollte dem HSV folgen: Immer auf den nächsten Gegner zielend. Sie werden als Nr. 4 im Markt erst Nr. 3 und Nr. 2 überholen müssen, bevor Sie Nr. 1 anvisieren können.

Tipp 16

Bedenken Sie, dass Sie insbesondere in den oberen Rängen Ihres Marktes unterschiedliche Strategien entwickeln müssen. Als Nr. 3 oder 4 im Markt ist eine Angriffsstrategie nach oben der richtige Weg – als Marktführer oder Vizemarktführer werden Sie eine Verteidigungsstrategie aufbauen müssen.

Wenn sich die Katze in den Schwanz beißt: Benchmarking

Die jetzt folgende Ungereimtheit ist genau genommen kein typischer Marketing-Blödsinn: Die Methode, um die es geht, ist inzwischen eines der typischen Buzz-Worte, die in Unternehmen im Zuge des KPI-Managements um sich gegriffen haben. Aber es passte einfach zu schön zum vorherigen Kapitel, als dass ich darauf hätte verzichten wollen …

Neben den eben beschriebenen Fehlern, wenn es um Strategieentwicklung geht, gibt es nämlich noch einen ähnlichen, sehr verbreiteten Denkfehler: Das unreflektierte Benchmarking. Grundsätzlich spricht natürlich nichts gegen das Prinzip des Zielsetzens und Vergleichens mit anderen. Schwierig wird es nur, wenn diese Vergleiche gewählt werden, ohne die grundsätzliche Frage zu stellen, ob der Vergleichswert an sich eigentlich sinnvoll ist.

Wenn Sie zum Beispiel den Ärmelkanal in Rekordzeit überqueren wollen und zuhause nur ein Gummiboot besitzen, dann können Sie sich natürlich mit anderen Gummibootbesitzern in Ihrer Nachbarschaft vergleichen, von deren Paddel-Techniken lernen und Ihre eigene unsagbar verbessern. Aber würden Sie damit Ihrem Ziel, Rekordhalter im Ärmelkanal zu werden, auch nur ein kleines Stück näherkommen? Vermutlich nicht – es sei denn, Sie möchten den Rekord als „schnellster Gummibootfahrer auf dem Ärmelkanal" einstellen.

Unternehmen, die sich nur mit den Benchmarks innerhalb der eigenen Nachbarschaft – also der eigenen Branche – auseinandersetzen, können zwangsläufig bestenfalls so gut werden, wie der „gebenchmarkte" Branchenkollege. Aber ist das wirklich gut? Diese Frage gilt es zu beantworten.

Ein leider sehr trauriges Beispiel, wie eine ganze Branche an dieser Krankheit leidet und vor sich hinsiecht, erleben wir alle derzeit gerade live mit: Seit einigen Jahren sinken die Abverkäufe von Digitalkameras dramatisch. Den Hochrechnungen zufolge dürften die vom japanischen Kameraverband

CIPA[27] erfassten Produktionszahlen im Jahr 2014 nur noch ungefähr ein Drittel der 2010 gemeldeten Zahlen betragen[28]. Die Marketingkollegen der Industrie streiten nun trefflich über die Hintergründe dieser Entwicklung – nur ein Wort fällt als vermutete Ursache immer: Smartphones.

Konsequent durchdachtes Benchmarking müsste also die Marketingabteilungen und Produktentwickler der klassischen Kamerahersteller nach den Erfolgsfaktoren der Handymarken forschen und sich daran messen lassen. Aber stattdessen versuchen die klassischen Marken noch immer, sich gegenseitig mit angeblich noch besseren Produktfeatures zu übertrumpfen. Konsequenterweise sehen die meisten neuen Kameras also noch immer genauso aus wie die meisten ihrer älteren Schwestern – und verkaufen sich natürlich auch nicht besser. Benchmarking als Strategiemittel macht also nur Sinn, wenn man vorher sehr genau prüft, ob die herangezogenen Benchmarks denn auch wirklich die besten sind.

Ein sehr schönes Beispiel für einen anderen, kreativeren Umgang mit diesem Strategietool hat ein britisches Krankenhaus 2006 veröffentlicht[29]: Im Kinderkrankenhaus „Great Ormond Street Hospital for Children" in London kämpften Ärzte, wie in vielen anderen Hospitälern auch, um das Leben der in der Notaufnahme eingelieferten Kinder. Konkret ging es darum, dass sich die Übergabe der kleinen Patienten von der Notaufnahme an die Intensivstation als Schwachpunkt herausstellte und immer wieder Kinder gefährdete: Die Prozesse waren komplex und durch die Vielzahl der beteiligten Ärzte und Schwestern nur sehr hektisch zu steuern. Wie hätte hier wohl ein klassisches Benchmarking ausgesehen? Besuche der OP-Teams bei anderen Kinderkrankenhäusern? Vielleicht auch Besuche in Krankenhäusern anderer Länder und natürlich Teilnahme an Kongressen.

---

[27] CIPA Camera & Imaging Products Association www.cipa.jp Zugegriffen: 1. Oktober 2014

[28] In 2010 meldete die CIPA eine Gesamtproduktion von 121 Millionen Digitalkameras, 2014 werden hochgerechnet vermutlich etwa 41 Millionen Kameras hergestellt (Hochrechnung basierend auf 3. Quartal 2014)

[29] www.telegraph.co.uk/news/1527497/Ferrari-pit-stop-saves-Alexanders-life.html Oder: http://asq.org/healthcare-use/why-quality/great-ormond-street-hospital.html Zugegriffen: 1. Oktober 2014

Das Ergebnis? Vermutlich hätte man den einen oder anderen Handgriff verbessern können. Hätte sich die Gesamtsituation dadurch deutlich gebessert? Wahrscheinlich kaum, denn alle Beteiligten waren ja erfahrene Ärzte und Pfleger und kannten die Abläufe auch aus anderen Hospitälern.

Dass sich dennoch am Great Ormond Street Hospital einiges deutlich verändert hat, lag am ungewöhnlichen Benchmarking: Die Initiatoren fragten sich nämlich nicht, wie dieser Prozess in anderen Krankenhäuser abläuft, sondern gingen der Frage nach, wer denn einen ähnlich laufenden, ähnlich komplexen Übergabeprozess zu steuern hat und kamen auf ...

das Formel 1 Boxenstop-Team von Ferrari! Mit Hilfe der Italiener hat das OP-Team seine Prozesse ebenso verändert wie seine Hilfsmittel und Werkzeuge. Als Ergebnis sind Hektik und Lautstärke einer ruhigen, konzentrierten Arbeitsweise gewichen, die auch den kleinen Patienten größere Chancen gibt.[30]

Tipp 17

Vor einem Benchmarking sollten Sie immer kritisch prüfen, ob Ihr Branchenprimus nur der Beste der Branche oder wirklich gut ist. Tatsächlich macht es häufig Sinn, nach Ideen in völlig anderen Branchen zu schauen und diese auf Ihren Markt zu übertragen. Irgendjemand hat Ihr Problem sicher schon einmal kreativ gelöst! Zusätzlicher Benefit dieses Vorgehens: Wenn Sie besser als der Erste sein wollen, müssen Sie Dinge anders machen. Sich außerhalb der Branche zu orientieren, könnte genau diesen Anstoß geben.

Ach ja, ein letztes Beispiel für „gutes" Benchmarking möchte ich Ihnen noch als Denkanstoß mitgeben: Im Jahr 2010 gab es ein wochenlanges, medienwirksames Casting als deutschen Vorentscheid zum European Song Contest. Eine der Teilnehmerinnen sang ihr Lied, und der Beitrag wurde in der ersten Runde von Stefan Raab (einer der Jurymitglieder) mit den Worten kommentiert: „Jeder würde dir sagen, dass Atemtechnik ganz anders geht" – worauf die junge Frau antwortete, dass sie gar keine Atemtechnik habe. Sie ahnen es schon: Die Sängerin war die spätere Gewinnerin des Eurovision Song Con-

---

[30] Wenn Sie mehr über das Projekt erfahren möchten: Auf den Links des *Telegraph* oder asq.org finden Sie weitere Details.

tests Lena Meyer-Landrut, die, hätte sie klassisch „geatmet", den Gewinner-song sicher ganz anders und möglicherweise auch weniger sympathisch gesungen hätte. Stefan Raab kommentierte dies in einer der späteren Folgen der Vorentscheidung sinngemäß mit den Worten: „Wenn man dich so hört, wünschte man, es hätten mehr Sänger deine fehlende Atemtechnik."

Manchmal kann es also auch gut sein, sich nicht an anderen zu orientieren, um zu gewinnen. Aber das hatten wir ja schon mal …

Mutti, mach mal, bitte!

Stellen Sie sich bitte einmal vor, heute wäre ein sehr wichtiger Tag für Sie. Ein Bewerbungsgespräch vielleicht. Oder die Chance, den ultimativen Auftrag zu bekommen. Oder Sie treffen heute den Mann/die Frau, der/die Sie seit Monaten nicht mehr schlafen lässt vor Herzklopfen. Sie wissen schon, heute geht es um alles, so eine „Jetzt kommt es auf alles an"-Situation eben. Sie dürfen es auf keinen Fall verpatzen!

Also haben Sie rechtzeitig vor diesem Tag das zu erreichende Ziel detailliert beschrieben, und folgerichtig geht heute früh um 7.00 Uhr Ihre Schlafzimmertür auf, Ihre beruflich sehr erfahrene (Schwieger-)Mutter rauscht herein, öffnet Ihren Kleiderschrank und beginnt, Ihnen die heutige Kleidung rauszulegen. Während sie das tut, ermahnt sie Sie, mit welchen Worten, welchen Argumenten und welchen Gesten Sie um die Stelle/den Auftrag/den Wunsch-Lebenspartner kämpfen sollen. Sofern Sie männlich sind, bindet Sie Ihnen noch die Krawatte und schiebt Sie dann zur Tür hinaus.

Filme, in denen Szenen wie diese vorkommen, entpuppen sich meist als Horrorfilme, in denen der so fremdgesteuerte Protagonist am Ende alle seine dunklen Neigungen auslebt. Aber mal im Ernst, niemand von Ihnen würde so handeln, oder? Wenn es uns wirklich wichtig wird, nehmen wir alle das Heft selbst in die Hand. Überraschend finde ich nur, dass sich dies leider im Unternehmensalltag nicht unbedingt immer wiederfindet.

Im Bereich Marketing liegt die Ursache unter anderem in den Effizienzbemühungen, die Firmen in den letzten Jahren unternehmen mussten, um wettbewerbsfähig zu bleiben. Und so sind die Marketingabteilungen trotz deutlich gewachsener Aufgaben häufig sogar geschrumpft. Wie funktioniert das, wenn man eigentlich deutlich mehr Arbeit hat, aber weniger Personal, um diese Arbeit auch zu bewältigen? Die Antwort in Unternehmen lautet dazu „Outsourcing" – oder vereinfacht gesagt: Lass es jemand anders machen.

Nun gibt es Aufgaben, die Marketingabteilungen nicht so einfach auslagern können. Alle produktbezogenen Jobs gehören dazu, ebenso wie z.B. alle Freigabeprozesse. Agenturen haben kaum die Möglichkeit, sich selbst zu

kontrollieren und also zu recht wenig Lust, bei Fehlern an dieser Stelle geradestehen zu müssen.

Degegen gibt es mit der Strategieentwicklung eine Aufgabenstellung, die
man scheinbar ideal extern vergeben kann, schließlich waren Agenturen und
Unternehmensberater ja immer schon Sparringspartner bei diesem Prozess.
Je mehr Arbeit durch neue Medien und Methoden auf den Schultern der
Unternehmensabteilungen lastete, desto mehr wurden andere Prozesse,
allen voran die Entwicklung der Marketingstrategie, an externe Berater
übergeben. Das lässt sich übrigens leicht an den Briefings ablesen, die für
Agenturen heute erstellt werden. Immer häufiger finden sich dort nur noch
Inhalte zum Produkt („wichtigste Produkteigenschaft ist …") und zur
Kommunikation („… es soll ein TV-Spot, eine POS-Kampagne sowie eine
Produktbroschüre erstellt werden …") statt echter Strategiebriefings. Im
Gegenzug wird dann allerdings von Agenturen ein komplettes Marketing-
paket erwartet – inklusive der strategischen Überlegungen. Schauen Sie nur
einmal auf Unterlagen, die Marken zu Agentur-Pitches herausgeben!

Dieses Vorgehen ist gleich doppelt gefährlich. Zum einen verlernt eine Organisation auf diese Weise recht schnell, selbst strategisch zu denken. Wenn
ich junge Produktmanager oder Kommunikatoren frage, was sie denn unter
strategischen Überlegungen ihrer Arbeit verstehen, kommen Antworten
wie: „die wichtigsten Produkteigenschaften festlegen", „Konditionsschema-
ta für den Vertrieb ausarbeiten" oder „den Kommunikationsmix definieren".
Das alles sind unzweifelhaft wichtige operative Themen im Rahmen der
Strategieentwicklung, ganz sicher – aber es ist nun einmal nicht die Strategie. Wie sollen diese Jungmanager in wenigen Jahren erfolgreich leitende
Funktionen ausüben, wenn Strategieentwicklung in ihrer Wahrnehmung
Aufgabe der externen Dienstleister ist?

Der zweite Gefahrenherd lauert im Outsourcen dieser Prozesse an die Hausagentur, die das im Zuge der Kampagnenentwicklung „mal eben
miterarbeitet". Bei aller Freundschaft mit vielen Kollegen der Agenturen –
hier erwarten Unternehmen einfach zu viel. Woher soll denn ein Art-, Krea-
tiv- oder Etatdirektor die Erfahrung haben, eine Marketingstrategie für Unternehmen zu entwickeln? Die meisten Kollegen dort haben ihr ganzes Be-
rufsleben auf Agenturseite verbracht (was keinesfalls negativ ist!) und kennen die Kunden ihrer Kunden in der Regel viel weniger als die Mitarbeiter

des Auftraggebers dies selbst tun. Woher also sollen die Kenntnisse und Erfahrungen kommen, die in eine Strategie einfließen müssten?

Tipp 18

Marketing darf man nicht delegieren. Wenn Ihnen die Kapazität fehlt, Analysen selbst durchzuführen und Strategien selbst zu entwickeln, dann ist die Zusammenarbeit mit kompetenten Beratern sicher keine schlechte Idee. Aber behalten Sie das Zepter in der Hand. Hinterfragen Sie jeden Mechanismus einer Strategieempfehlung solange, bis Sie entweder vollständig überzeugt sind oder aber die Empfehlung abschießen. Wenn Sie Ihre Hausagentur damit beauftragen wollen, prüfen Sie diese Idee sehr gründlich. Die meisten Agenturen sind absolute Experten darin, basierend auf einer gültigen Strategie die bestmögliche kommunikative Umsetzung zu entwickeln – aber nicht unbedingt, eine komplette und glaubwürdige Marketingstrategie zu entwickeln!

Kapitel 2 - Umsetzung:
Wenn nur der Kunde stört

In *Marketing ist eine Wissenschaft ... und die Erde eine Scheibe?* hatte ich mich ja schon ausgiebig mit den Denk- und Methodenfehlern in der Marketing-Kommunikation auseinandergesetzt, mit denen wir uns so gerne gegenseitig beschummeln. Dabei ging es zunächst einmal um die wissenschaftlichen oder pseudowissenschaftlichen Methoden, die wir zur Messung und Verbesserung unserer Kommunikation einsetzen.

Aber selbst, wenn wir Mediaplanung & Co. einwandfrei und logisch richtig einsetzen würden, blieben bei der Umsetzung der gewonnen Erkenntnisse, bei der Ansprache der erwählten Zielgruppe und bei der Gestaltung der zugehörigen Marketingmaßnahmen eine scheinbar unendliche Zahl von Fallstricken. Sogar wenn man eine wissenschaftliche Methodik zur Strategieentwicklung finden würde, zur Umsetzung gibt es (noch) fast nichts dergleichen: Wenn wir ehrlich sind, behelfen sich Marketingabteilungen und Agenturexperten noch immer mit einer Handvoll mehr oder weniger wirksamer Faustregeln. Wir behaupten zum Beispiel, Rot sei eine Signalfarbe. Oder: Nie mehr als zwei Schriftschnitte in einem Dokument verwenden. Dabei zeigt schon ein einfacher Blick zurück oder über die Grenzen in andere Kulturen, dass gerade diese Faustregeln weder statisch noch allgemeingültig sind (vgl. Abb. 4).

Andererseits habe ich mich immer gewundert, warum andere, zum Teil ganz offensichtliche Erfahrungen so häufig missachtet werden. Im folgenden Abschnitt geht es einerseits um diese meist sehr simplen Praxisthemen, mit denen sich Marketing einfacher und praktikabler gestalten ließe – würde man sie denn anwenden. Andererseits geht es auch wieder um den Kunden bzw. um die vielen Gründe, weshalb dieser so häufig nicht im Mittelpunkt der Kommunikation zu stehen scheint.

Abbildung 4   Die japanische Werbekultur hält sich nicht an deutsche
                   Regeln (Quelle: © Nina Claußen 2014)

In den Schuhen des Kunden

In meinem Heimatort gibt es eine recht breite, vierspurige Durchfahrtsstraße mit etlichen Einmündungen. An einer dieser Einmündungen steht eine große Plakatsäule aus der Citylight-Generation, auch unter dem interessanten Namen Stadtmöbel bekannt. Als nun eine Baumarktkette sich in der Nähe niederlassen und der Konkurrenz der schon bestehenden drei Märkte aussetzen wollte, suchte man im dortigen Marketing offensichtlich nach guten, noch nicht vergebenen Dauerwerbeplätzen und verfiel auf eben diese Citylight-Säule an der vielbefahrenen Straße (vgl. Abb. 5). Und da es sich bei der Säule ja um eine Dauerwerbung handelte, entwarf man ein zeitloses Motiv, das nur auf die Existenz des neuen Baumarktes hinweisen sollte: Das Logo der Kette, ein Pfeil nach oben und der Hinweis „noch 1,3 km" waren alles, was auf dem Plakat zu sehen war.

Sofern man als Autofahrer wusste, dass das abgebildete Logo zu einem Baumarkt gehörte und zufällig ganz dringend einen Baumarkt benötigte, dann war dieses Plakat ganz sicher perfekt, wäre da nicht …

Abbildung 5   Eine Drehsäule als Wegweiser zur Marke?
(Quelle: © Heino Hilbig 2014)

… ja, Sie haben durchaus richtig gesehen: Die Säule ist nämlich eine Drehsäule. Der Richtungspfeil zeigt also nur zu etwa einem Drittel der Betriebszeit in die richtige Richtung – und zwei Drittel der Zeit schickt er verzweifelt Baumarktsuchende einfach ins Nirwana.

Das ist aber kein Einzelfall: Einer der Konkurrenten hat keinen Kilometer entfernt eine Hauswand gemietet und nach einem ähnlichen Prinzip einen Richtungshinweis gegeben. Nur steht hier in einem nach rechts weisenden roten Pfeil der Hinweis „nächste Straße links" (vgl. Abb. 6).

Abbildung 6   Wohin denn nun – links, rechts?
                     (Quelle: © Heino Hilbig 2014)

Man könnte meinen, dieses „Kundenverwirren" gehöre zu einem geheimen Baumarktkomplott – nur, der Sinn erschließt sich mir noch nicht. Das zweite Beispiel ist übrigens kein Fehler des Fassadenmalers, sondern eine etwas um die Ecke gedachte Kommunikation, die den Autofahrern, die in eine der beiden Straßenrichtungen fahren, den richtigen Weg weisen soll. Gut, die Verkehrsteilnehmer, die in die andere Richtung fahren, werden verwirrt zurückgelassen. Aber das ist ja nur die Hälfte aller Betrachter.

Wenn ich dieses Beispiel – mit der Drehsäule als Video – auf Vorträgen vorführe, dann gibt das immer herzhafte Lacher. Solange, bis ich dann Beispiele aus der vor mir sitzenden Branche nachschiebe. Denn den Fehler, der den Baumarkt-Marketeers da unterlaufen ist, den kann man eigentlich in jedem Markt finden.

Für den Bundestagswahlkampf 2013 wurden die Sozialdemokraten von einer sehr bekannten und erfahrenen Agentur beraten. Das Ergebnis war aus Marketingsicht durchaus bemerkenswert – wenn auch das Ziel nicht erreicht wurde. Die SPD hatte sich nämlich eine stringente Wahlkampf-CI verordnet – die sogar die Bildsprache umfasste, in der alle Kandidaten sich fotografieren lassen mussten. Ganz weit vorn, würden wir Marketeers dazu wohl sagen.

Auch die Materialien des Hamburger Bundestagsabgeordneten Johannes Kahrs, den man wahrlich als alten Hasen in diesem Geschäft bezeichnen kann, wurden also von gut bezahlten, erfahrenen Profis konzipiert, gestaltet und produziert. So, wie das Plakat in Abbildung 7. Kahrs warb, wie es in solchen Wahlkampfjahren üblich ist, für eine Veranstaltung, bei der er zu gewichtigen Themen noch gewichtigere Dinge zu sagen hatte.

Abbildung 7   Bundestagsabgeordneter Johannes Kahrs spricht mit
Senioren zum Thema „Mehr Kitas jetzt"
(Quelle: © Heino Hilbig 2014)

Die Veranstaltung sollte ein Seniorenfrühstück werden. Ort: Ein Seniorentreff in Hamburg. Die Zielgruppe war also eigentlich klar. Das Thema auch: „Mehr Kitas jetzt" – für Senioren?

Und noch ein Beispiel, bei dem ganz sicher erfahrene Werbegestalter mitgewirkt haben, um für große Marken Kommunikation zu gestalten – ebenfalls aus meinem Heimatbereich. Zwei bekannte Schnellspeiserestaurants – ein Burger- und ein Geflügelbräter – hatten mit der Tatsache zu kämpfen, dass sie hungrige Kunden zum Verzehr der angebotenen Schnellspeisen in eine andere Etage locken mussten (vgl. Abb. 8).

Abbildung 8   Machen Logos alleine Appetit?
                    (Quelle: © Heino Hilbig 2014)

Als unbedarfter Beobachter habe ich mich gefragt, weshalb keiner der beiden verantwortlichen Restaurantvermarkter auf den Gedanken gekommen ist, das Bild eines unglaublich verführerisch fotografierten Burgers als Lockmittel zu nutzen. Platz genug wäre auf diesen Plakaten sicher gewesen.

Allen drei Beispielen sind zwei Dinge gemein:

■ Zum einen sind alle gezeigten Maßnahmen von erfahrenen Kommunikatoren erstellt worden, die für große Marken arbeiteten. Diese Beispiele sind also keine Fehler des Gemüsekrämers von nebenan oder eines unerfahrenen Junggrafikers. Solche Fehler passieren auch großen Marken – und zwar häufiger, als man annehmen würde. Vielleicht wird mein nächstes Buch einfach ein Bildband mit solchen Beispielen.

■ Zum zweiten haben alle drei Beispiele eine gemeinsame Ursache. Die Kollegen, die diesen Blödsinn verursacht haben, haben mindestens einmal zu wenig an die Zielgruppe gedacht, sondern offensichtlich nur einen Auftrag ausgeführt. „Wir müssen die Kunden zu uns leiten. Dafür haben wir folgende Plätze gemietet … Dort muss jetzt der Hinweis hin, wie man uns findet." So ungefähr stelle ich mir das interne oder externe Briefing vor, das die Basis für die Kollegen der Baumärkte und Fastfood Produzenten war. Genau genommen haben sie dieses Briefing zu hundert Prozent umgesetzt – oder etwa nicht?

Ja, wäre da nur nicht die ratlose Zielgruppe. Denn um Fehler wie etwa die Drehsäule zu vermeiden, wäre es zum Beispiel überaus hilfreich gewesen, sich einmal mit den Entwürfen der Agentur an die Straße zu stellen, in der die gebuchte Säule steht. Ich bin sicher, die Heimwerker-Werbung dort würde heute anders aussehen.

Tipp 19

Ein mir bekannter, sehr weiser Mann hat mir einmal geraten, in den Schuhen meines Gegenübers zu laufen, wenn ich ihn verstehen wolle. Auch wenn ich auf die Sache mit den Schuhen selbst verzichte, die gleichen Wege gehe ich aber tatsächlich noch. Sie glauben gar nicht, welche Erkenntnisse man gewinnen kann, wenn man sich mal eine Stunde beobachtend zwischen die Verkaufsregale eines Supermarktes stellt, in ein Arztwartezimmer setzt oder mit der Brille eines professionellen Besuchers einen Tag über eine Messe schlendert.

Tipp 20

Unternehmen investieren viel Geld im Marketing, um beispielsweise Drucksachen formvollendet und fehlerfrei zu erstellen. Genau dieser Fokus auf Details ist aber auch bei den Inhalten überaus hilfreich.

Menschen sind nun einmal verschieden

Gerade im Marketing-Management sind wir es gewohnt, schnell zu agieren. Das erfordert inzwischen der hohe Wettbewerbsdruck ebenso wie die immer kürzer werdenden Produktionszeiten. Die Konsequenz aus diesem Vorgehen sind manchmal etwas scherenschnittähnliche Sichtweisen über Prozesse oder auch Zielgruppen. Der häufigste Fehler, den Marketeers sicher ebenso häufig begehen wie andere Berufe – der sich aber im Marketing manchmal fatal auswirken kann –, ist der Schluss von den eigenen Wahrnehmungen und Bewertungen auf die unserer Zielgruppe.

Wie überraschend kann es manchmal sein, wenn man feststellt, dass etwas, was man selbst als selbstverständlich ansieht, von anderen möglicherweise ganz anders gesehen und bewertet wird. Das fängt, wie Georg Häusel in seinem Buch *Brain View*[31] aufgezeigt hat, schon in jüngster Kindheit an: Sechsjährige Kinder haben danach die Tendenz, eigentlich immer gleiche Bilder zu malen, wenn man ihnen ein leeres Blatt Papier und Buntstifte in die Hand gibt und sie bittet: „Mal ein Bild!" Jungen in dem Alter malen eigentlich immer irgendwelche Maschinen wie Autos, Flugzeuge oder Raketen. Als sechsjähriger männlicher Marketeer (glücklicherweise gibt es das noch nicht!) würde man also davon ausgehen, dass sich Mädchen ebenfalls für Maschinen interessieren. Überraschenderweise ist das aber völlig anders: Sechsjährige Mädchen malen am liebsten Menschen.

Hintergrund dieses Phänomens ist nun weniger, dass Mädchen sich für diese Vorliebe *entscheiden*, vielmehr liegt diese unterschiedliche Präferenz in der *Wahrnehmung* von Mädchen und Jungen. Die unterschiedliche Sicht, mit der Menschen die Welt wahrnehmen, führt zu unterschiedlichen Bewertungen.

Als „erfahrener" Marekteer läuft man also Gefahr, bei der Suche nach der richtigen Ansprache der Zielgruppen nach Bewertungsmustern zu suchen,

---

[31] Häusel, Hans-Georg, *Brain View. Warum Kunden kaufen*, Freiburg, Haufe-Lexware, 2012

und übersieht dabei leicht, dass man erst einmal klären sollte, ob die Zielgruppe die Welt ebenso wahrnimmt wie man selbst.

Ein praktisches Beispiel hatte ich in einem anderen Zusammenhang in *Marketing ist eine Wissenschaft … und die Erde eine Scheibe?* genannt: Als Fotospezialisten hatten wir nach Wegen gesucht, um in einer gedruckten Anzeige den Vorteil besserer Bildqualität eines Kamerasystems zu zeigen. Nach langer Beratung waren wir dann auf das Thema Tiefenschärfe gekommen und wollten den Vorteil unseres Systems dadurch demonstrieren, dass wir ein typisches Urlaubsbild einmal durch eine Kompaktkamera (das Bild ist praktisch an allen Stellen gleich scharf) und einmal mit unserem System nebeneinander gestellt haben. Unser Bild war wirklich wunderschön: Eine Frau an der Spitze einer Yacht. Der Fokus liegt auf dem Gesicht, während die Yacht nach hinten weg in der Unschärfe verschwimmt. Ein wirklich schönes, künstlerisches Bild. Unsere Anzeige musste einfach funktionieren – davon waren wir fest überzeugt. Bis … ja, bis uns unsere Zielgruppe eines Besseren belehrt hat. Was wir fotoaffinen Produktmanager und Marketingexperten als ein ganz besonderes Foto gesehen und bewertet haben, wurde von den Befragten einfach nur als unscharf bewertet. *Unscharf!* Da forschen und untersuchen wir intensivst und mit wachsender Leidenschaft die Motivation, die Verbraucher dazu bringt, sich für oder gegen ein Angebot zu entscheiden – und dann ist die entscheidende Ursache viel trivialer: die Wahrnehmung!

Abbildung 9   Anhalten, um das Motiv zu verstehen?
(Quelle: © Heino Hilbig 2014)

Schauen Sie sich das Citylight-Poster in Abbildung 9 bitte einmal genauer an. Fällt Ihnen etwas auf? Falls nein, trösten Sie sich einfach damit, dass auch den Verantwortlichen bei *Toyota* nichts aufgefallen ist.

Für dieses Poster gibt es nur zwei wesentliche Zielgruppen. Zum einen Auto- und Busfahrer, die bei 50km/h das Citylight ungefähr so wahrnehmen, wie Sie es auf dem Foto erkennen können. Machen Sie doch bitte einmal einen kleinen Test: Decken Sie das Bild mit einem Blatt Papier ab. Dann heben Sie das Blatt ganz kurz an und betrachten die Situation für einen winzigen Augenblick – solange, wie Sie im Auto dafür Zeit hätten. Was haben Sie wahrgenommen? Konnten Sie das Auto vor dem gleichfarbigen Hintergrund überhaupt erkennen? Haben Sie den Text lesen können? Haben Sie das Logo gesehen? Erkennen konnten Sie es definitiv nicht.

Wie genau soll ein autofahrender Betrachter jetzt auf diese Werbung reagieren? Die Chance, das Auto als neues Modell von *Toyota* zu erkennen, ist offensichtlich extrem gering. Selbst wenn Sie die Form des Automobils (oder die aussagefähige Headline) interessieren sollte, Sie hätten ja keine Chance, sich nach Ihrer Autofahrt darüber zu informieren. Also anhalten und nachschauen?

Die Kosten für dieses Citylight basieren auf den Reichweitenwerten der Arbeitsgemeinschaft Mediaanalyse. Diese werden in aufwändigen Verfahren mit Hilfe mathematischer Modelle des Fraunhofer Instituts ermittelt und setzen sich aus Fußgängern, Autofahrern und dem vorbeifahrenden öffentlichen Nahverkehr zusammen.

Ich vermute mal, Sie stimmen mir zu, dass in diesem Fall jeder Kontakt zu den Autofahrern wertlos ist. Erreicht vielleicht, aber nicht verstanden – was übrigens ein weiteres Argument gegen die unreflektierte Reichweite als Messgröße für die Mediaplanung ist! Die zweite Gruppe, für die dieses Citylight gemacht sein könnte, sind die Fußgänger, die direkt vor dem Standort z.B. auf einen Bus warten. Die können natürlich das Logo und den Bodytext hervorragend lesen – und tun das auch regemäßig aus lauter Langeweile während des Wartens. Nur leider stehen die viel zu nahe, um sich von dem (für sie) viel zu großen Key Visual des Autos oder der riesigen Versal-Headline angesprochen zu fühlen. Das ist namlich ungefähr so, als ob Sie in einem halben Meter Entfernung direkt vor Ihrem 60-Zoll-HD-Fernseher säßen – eigentlich fühlt man sich unwohl. Interessanterweise sahen die anderen Werbemittel dieser Kampagne deutlich besser aus; dort war das Logo in einer sinnvollen Größe zum regulären Betrachtungsabstand angebracht.

Übrigens ist *Toyota* mit diesem Problem keineswegs allein. Im gleichen Monat, in der der japanische Autobauer sein neues Modell vorstellte, haben *Peugeot* und *Renault* fast identische Motive für neue PKWs geschaltet. Und auch bei diesen beiden Werbetreibenden hätte man anhalten und aussteigen müssen, um die Botschaft verstehen zu können. Tatsächlich findet man Außenwerbung mit diesem Problem eigentlich dauernd, wenn man nur etwas wachsam durch deutsche Straßen fährt.

Die Ursache hierfür dürfte sehr einfach zu erklären sein, und ich wundere mich immer, wie Unternehmen und Agenturen trotz langer Erfahrung immer wieder in diese Falle tappen. Aus vielen selbst so erlebten Situationen schätze ich, dass etwa Folgendes geschehen ist:

Die Agentur kommt eines Morgens um 10 Uhr zum Kunden in den großen Konferenzsaal oben (ist Ihnen übrigens schon mal aufgefallen, das die großen Konferenzräume häufig „oben" sind?) und präsentiert die neue Kampagne. Das tut sie wie üblich mit einer PowerPoint- oder Keynote-Präsentation, wobei sie zusätzlich die vorgeschlagenen Anzeigen oder Outdoor-Motive herkömmlich auf Kartons aufgezogen hat. Mit jedem Vorschlag geht die entsprechende Pappe dann gleich im Uhrzeigersinn herum, wird von jedem der zwölf anwesenden Kundenvertreter eingehend kritisch gewürdigt, bis sie am Ende entweder auf einem großen Stapel abgelegt oder – falls im Konferenzraum des Kunden Stellleisten vorhanden sind – dort abgestellt werden.

Die grundsätzliche Entscheidung über das Motiv fällt also basierend auf der Betrachtung der übergroßen Vorlage an der Wand sowie auf dem A4-formatigen Ausdruck, den jeder der Kundenvertreter vor sich in der Hand hielt. Das Ergebnis kennen Sie: Meist ein großes, gut erkennbares Visual, ergänzt um eine meist ebenso große Headline. Und dann findet sich irgendwo, meist rechts unten, ein kleines, unauffälliges Logo.

Betrachter eines Citylights haben offensichtlich eine ganz andere Wahrnehmung eines Motivs, als man dies im sonnenbeschienen Konferenzraum hat. Gerade im Bereich Out-of-home ist es also unbedingt erforderlich, sich in die Rolle des Betrachters zu versetzen.

Tipp 21

Außenwerbung sollten Sie grundsätzlich so betrachten, wie auch Ihr Kunde sie sehen wird. Dazu gehört, dass Sie den Abstand zur Präsentationsleinwand oder dem Präsentationskarton so wählen, dass Sie den gleichen Blickwinkel wie ein vorbeifahrender Autofahrer haben. Ein Citylight-Poster etwa, das der Passant in 50 Metern Entfernung betrachten wird, hat optisch die gleiche Größe wie ein Layout im Format A4, das Sie aus etwa 12,5 Meter Entfernung betrachten. Wird Ihnen der Entwurf in A3 präsentiert, brauchen Sie schon einen Abstand von über siebzehn Meter, und wenn das Poster nur auf der Leinwand Ihres Konferenzraums in Originalgröße gezeigt wird, sollte dieser Raum 50 Meter Tiefe zur Betrachtung haben (vgl. Abb. 10).

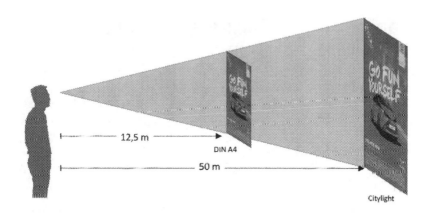

Abbildung 10   Bei der Beurteilung von Außenwerbung unbedingt den
relativen Abstand berücksichtigen
(Quelle: © Heino Hilbig 2014)

Tipp 22

Neben der optischen Entfernung spielt aber auch der Zeitfaktor eine wichtige Rolle: Während Sie die Motive während einer Präsentation in aller Ruhe
erfassen können, werden die Menschen unterwegs rasend schnell daran vor-
beifahren und das Plakat vielleicht aus dem Augenwinkel sehen oder vor
dem nächsten Bremsmanöver noch einen kurzen Blick dorthin werfen. Was
das bedeutet, sollten Sie auch während der Präsentation Ihrer Agentur simulieren. Einen guten Test hierzu lernen wir später im Kapitel „Marktforschung mit einer Anleitung zum Selbermachen" kennen.

Problem: Neue Marketingleiter

Wir bleiben noch einen Moment bei Citylights. In diesem Kapitel geht es um einen systematischen Fehler, bei dem Agenturen und Auftraggeber zu sehr nach innen statt auf die Wahrnehmung der Verbraucher achten. Gemeint ist der zu große Glaube an die Nachhaltigkeit der eigenen Werbemaßnahmen. Das ist, auch wenn es sich so anhört, keineswegs eine Kritik an zu großem Selbstbewusstsein der Beteiligten, sondern vielmehr ein von Psychologen erforschtes und leider übliches Fehlerelement in wirtschaftlichen Entscheidungsprozessen.

Denken Sie bitte nur einen Augenblick zurück an das letzte Kapitel. *Toyota* setzte dort auf ein dezentes Logo des eigenen Unternehmens als Absender. So klein, dass Sie es auf den Bildern in diesem Buch kaum erkannt haben. Wie wäre es Ihnen andererseits mit einem Motiv von *Mercedes* gegangen? Hätten Sie die Marke wiedererkannt? Vermutlich schon. Kommunikationsmaßnahmen der *Mercedes*-Marketingabteilung sind von den meisten Deutschen sogar ohne Logo erkennbar. Grauer Hintergrund und *Mercedes*-spezifische Typographie reichen schon – ein Effekt, den ich in meinen Vorträgen immer gerne vorführe.

Die beiden Unternehmen unterscheiden sich deutlich in der Frage, wie man sich Betrachtern der eigenen Werbung zu erkennen gibt: Jedes Modell von *Toyota* wird als eigene Marke inszeniert und individuell beworben. *Mercedes* hat allen seinen Produkten, bis hin zur LKW-Sparte, ein einheitliches Erscheinungsbild verordnet. Die Herstellermarke steht über allem. Das geht so weit, dass das Unternehmen sich sogar eine eigene Schrift hat gestalten lassen.

Eine wiedererkennbare Typographie wie bei *Lufthansa* oder *Mercedes* oder eine eigene Bildsprache wie *H&M* und früher *Marlboro* – über Jahre hinweg identisch genutzt – kombiniert mit einem regelmäßigen, konstanten Werbeauftritt über einen langen Zeitraum sind Garanten für hohe Wiedererkennung. Die guten Ansätze dazu gibt es ja zweifellos in jedem Unternehmen, nur mit der Umsetzung klappt es weniger, als alle Verantwortlichen das gerne sehen würden. Kaum einen Satz habe ich gefühlt häufiger gehört als „unser Hauptproblem ist der wenig konsistente Markenauftritt in der Vergangenheit". Neue Marketingleiter, Vorstände, aber auch Agenturen verweisen grundsätzlich zu recht auf dieses Problem – und sind doch gleichzeitig meist die Ursache dafür.

Tatsächlich habe ich bisher nur ein einziges Mal erlebt, dass eine namhafte Kreativagentur in einer Neukundenakquise von sich aus vorgeschlagen hat, die neue Kommunikation grundsätzlich auf der bisher verwendeten Gestaltung des Auftraggebers aufzubauen. Und wann hätten Sie schon mal in *w&v* oder in *Horizont* gelesen, dass der Marketing-Chefsessel einer Marke neu besetzt wird, ohne dass es eine Neuausrichtung der Maßnahmen gäbe?

Ein frisch eingesetzter, internationaler Marketeer fragte mich zu Beginn seiner Amtszeit einmal, was meiner Meinung nach das größte Problem sei, das er als neuer Marketingverantwortlicher angehen müsse. Meine Antwort war: „Stop changing responsibles – hört auf, dauernd die Verantwortlichen zu tauschen!" Mein Appell war vergebens. Seit diesem Satz sind ungefähr sechs Jahre vergangen und das Unternehmen hat jetzt den Verantwortlichen Nr. 6 an Bord.

Aber seien wir fair. Ein neuer Kopf an der Spitze oder ein neuer Dienstleister bräuchte schon sehr viel Größe, um am Anfang der eigenen Dienstzeit öffentlich festzustellen, dass die Arbeit des bzw. der Vorgänger so gut war, dass man eigentlich alles beim Alten lassen könne. Und wie kommt das im Vertrieb und Management des Auftraggebers an, wenn „der Neue" im Marketing nichts ändert? Ist der wirklich der Richtige auf diesem Posten? Ich fürchte, wir haben es bei der fehlenden Konstanz der Marken mit einem systemimmanenten Problem zu tun – oder doch mit zu wenig Selbstbewusstsein?

Tipp 23

Selbstähnlichkeit ist eines der wichtigsten Tools, um den Effekt von Werbekontakten zu akkumulieren. Verbraucher haben durchaus ein feines Gespür dafür, ob ein Prospekt, eine Webseite und eine Anzeige vom gleichen Absender stammen oder nicht, wenn die Familienähnlichkeit der Materialen bei der Gestaltung bewusst beachtet wird. Trotzdem müssen Sie selbstverständlich in der Lage sein, Inhalte Ihres Marketings schnell zu ändern (vgl. die Anmerkungen zum dynamischen Marketing im Kapitel „Forecasts – Planlos in Seattle?"). Die gute Nachricht ist, dass man Formen nicht ändern muss, wenn man Inhalte ändern will. Die *Deutsche Telekom* oder *Mercedes* sind dafür die besten Beispiele.

Tipp 24

Marketing braucht Zeit, um zu wirken. Selbst Kampagnen mit großen Etats brauchen Wochen und Monate, bis sie nachweislich (!) wirken. Sie hingegen werden in Ihren Büros vermutlich kontinuierlich mit Ihren Marketingmaterialien konfrontiert und sind damit schneller „übersättigt", während Ihre Zielgruppe die Kampagne vermutlich noch nicht einmal wahrgenommen hat. Marken, die Ihre Kommunikation zu schnell wechseln, riskieren den Erfolg.

Der Gorilla am POS

Bevor wir in das eigentliche Thema dieses Kapitels einsteigen, bitte ich Sie noch einmal an Ihren PC. Suchen Sie bei *YouTube* nach „selective attention test"[32], nehmen Sie das erste Video mit den ballspielenden Menschen und folgen Sie den Anweisungen auf dem Bildschirm. Dies ist ein Test, den man nur einmal selbst machen kann – Sie sollten also erst weiterlesen, wenn Sie fertig sind.

Wir kommen jetzt zurück zur Psychologie des Konferenzraumes. In aller Regel beginnen Präsentationen für neue Kampagnen mit der Vorstellung der Leitidee. Ein Visual, eine Headline, eine möglichst knackige Aussage. Der nächste Schritt, sobald das anerkennende Nicken der Entscheidergruppe erfolgt, ist meist, die Adaption der Idee in den im Briefing geforderten Disziplinen darzustellen: gleiches Motiv quer – die Webseite, Motiv mit großer Headline – das Citylight-Poster, Motiv in sehr kleinen Flächen – POS. Je häufiger die Kundenvertreter das Motiv in allen Varianten zu sehen bekommen, desto größer wird die gefühlte Kraft der Kampagne. Der Kunde findet Gefallen an seiner eigenen Entscheidung. Ich weiß natürlich, dass diese Darstellung durchaus ein wenig überzeichnet und dass es Agenturen und Unternehmen gibt, die nicht so arbeiten. Aber seien wir ehrlich, jeder von uns hat diese Arbeitsweise schon kennengelernt, nicht wahr? Und definitiv ist diese Arbeitsweise sehr verbreitet.

Nun könnte natürlich jemand von Ihnen auf die Idee kommen zu fragen, was denn falsch an dieser Methode sei. Schließlich ist das Prinzip der Selbstähnlichkeit von Kampagnen ja praktisch das Goldene Kalb der Werbung. Recht haben Sie – und jetzt kommt unsere Aufgabe vom Anfang des Kapitels ins Spiel. Ich bin sicher, auch Sie haben den Gorilla bei erstem Anschauen nicht gesehen, richtig? Dieser Test wurde von den Psychologen Daniel Simons und Christopher Chabris entwickelt, um zu zeigen, wie sehr unsere Wahrnehmung davon abhängig ist, wie „beschäftigt" wir geistig sind. Wenn man diesen Test mit Menschen live durchführt und die Frage nach dem

---

[32] Hier der direkte Link: www.youtube.com/watch?v=vJG698U2Mvo Zugegriffen 14. November 2014

Gorilla stellt, entstehen regelrechte Streitgespräche darüber, ob es ihn überhaupt gegeben hätte. Erst eine zweite Vorführung besänftigt die Gemüter
dann wieder.

Und nun schauen Sie sich bitte das Citylight in Abbildung 11 an.

Abbildung 11   Gorilla-Werbung im Straßenverkehr?
                     (Quelle: © Heino Hilbig 2014)

Wenn es Ihnen schwerfällt, im linken Teil des Bildes etwas zu erkennen,
trösten Sie sich: Genauso ging es mir auch – nur dass ich sogar unmittelbar
vor diesem Poster stand. Selbst die Nahaufnahme rechts wird Ihnen nicht
helfen, richtig? Zur Aufklärung: Hier sollte (übrigens auch mit öffentlichen
Geldern) für einen neuen Veranstaltungsort für „Klassik und Clubkultur" in
Hamburg geworben werden.

Welche Chance hat dieses Poster wohl, wenn Sie an den Videotest von eben
denken? Welcher Autofahrer wird diese Werbung überhaupt wahrnehmen
können? Kein „lauter" Hingucker, kein bekanntes Element – nichts, was die
Aufmerksamkeit eines auf den Verkehr achtenden Autofahrers oder eines
geschäftigen Fußgängers stoppen könnte. Ich höre die Agentur, als wäre ich
dabei gewesen: „Das mystische Bild gepaart mit der kryptischen Headline
machen die Betrachter neugierig. Die Auflösung bieten wir ihnen mit der

Internetadresse, die deutlich größer als üblich direkt unter der Headline platziert wird."

Was für ein ausgezeichneter[33] Humbug! Sie haben alle Zeit der Welt, um sich dieses Bild vergrößert[34] anzusehen und werden trotzdem nicht erkennen können, worum es sich bei dieser Kommunikation handelt. Was sollen Autofahrer dann erst damit anfangen?

Dieses Poster wird im öffentlichen Raum zum Gorilla. Da helfen auch keine fantastischen Kontaktdaten und theoretischen Reichweiten dieses Mediums. Ein Problem, das Sie fast in jeder Kommunikationsform finden – nur meistens bei jeder Form anders.

Schauen Sie doch kurz einmal auf die Situation in einem Elektronikmarkt (vgl. Abb. 12).

Abbildung 12   POS als „Gorilla" im Handel (Quelle: © Heino Hilbig 2014)

---

[33] Dieses Plakat hat allen Ernstes den „Rudolf Stilcken Preis für Kultur-Kommunikation" erhalten!
[34] Noch einmal zur Erinnerung: Alle Bilder können Sie in höherer Auflösung unter www.mayflower-concepts/Gorilla ansehen.

Ganz gleich, was Sie kaufen möchten, vermutlich gibt es in diesem Markt jedes Produkt in ähnlicher Form mehrere Dutzend Mal. Und während Ihre Wahrnehmung nun durch diesen Auswahl- und Kaufstress blockiert ist, laufen im Hintergrund für Sie unsichtbar „POS-Gorillas" herum.

Wiederum anders sieht es für klassische Anzeigen aus. Wenn Sie in Ihren Mediaplan die Zeitschrift *Ein Herz für Tiere* aufnehmen, weil die Reichweitenwerte so herausragend sind, dann wissen Sie nach der Lektüre meines letzten Buches, dass von 25 Lesern nur einer die Zeitschrift wirklich kauft. Die anderen 24 lesen nur irgendwo mit. So hohe Mitlesezahlen kommen zustande, weil diese Zeitschrift in nahezu jeder Lesezirkel-Sammlung enthalten ist und die Zahl der Leser sich massiv aus den „theoretischen" Nutzern in Arztpraxen ergibt. So weit, so gut. Die Menschen dort jedoch sind in ihrer Aufmerksamkeit ebenso geblockt wie der Elektromarktbesucher und der Autofahrer – nur anders: Angst vor dem bevorstehenden Arzt- oder Zahnarzt(!)-Termin, Langeweile oder Zeitstress, weil es einen wichtigen Anschlusstermin gibt. Wenn Sie jedoch auf dieses Medium setzen, ohne die psychologische Situation dieser Wartezimmer-Mitleser zu berücksichtigen – für die Sie ja bezahlen –, wird Ihre Anzeige eben wieder zum unsichtbaren Gorilla.

Jedes Werbemittel muss sich also in einem anderen Umfeld bewähren und hat daher seine eigenen Regeln, die bei der Gestaltung zu berücksichtigen sind. Ganz sicher kann eine reine Format-Adaption Ihres Key Visuals diese Aufgabe nicht leisten; am POS ist eine andere Form der Aufmerksamkeit gefordert als beim Autofahren oder im Wartezimmer des Zahnarztes Ihres Vertrauens – also werden Sie Aufmerksamkeit für Ihre Kommunikation auch jeweils anders erlangen.

Der Aufwand, der darin steckt, scheint auf den ersten Blick außerordentlich groß zu sein verglichen mit den sonst üblichen, einfachen Adaptionen. Wenn man jedoch einmal eine Matrix für die entsprechenden Zielgruppen erstellt hat, lässt sich die Umsetzung ebenso standardisieren wie bei Ihrer bisherigen Methodik. Und die Wirksamkeit Ihrer Maßnahmen steigt proportional – nie wieder Gorillas!

Tipp 25

Jedes Werbemittel wird von Verbrauchern in unterschiedlichen Situationen wahrgenommen. Wenn Sie die Psychologie dieser Situationen bei der Erstellung berücksichtigen, geht das möglicherweise ein wenig zu Lasten der Selbstähnlichkeit (s. Tipp 23), erhöht aber die Wirksamkeit Ihrer Maßnahmen.

Wir sind doch wer: Die Überschätzung der eigenen Werbewirkung

Aber lassen Sie uns abschließend noch einmal auf die Autowerbung zurück-kommen. Ohne Zweifel ist das Logo von *Toyota* schon lange in Gebrauch, und man könnte meinen, dies sollte doch reichen, um einem Betrachter genügend Information über den Absender zu geben. Allerdings unterliegt Außenwerbung, wie einige andere Werbeformen auch, dem Effekt, dass nur die wenigsten Betrachter sich direkt weiter informieren können. Lesen Sie eine Zeitschrift und sehen etwas Interessantes, so kann man schnell mal das Smartphone hervorholen und – falls Sie Vertreter der kleiner werdenden Fraktion der Smartphonelosen sind – auch einfach mal die Anzeige ausrei-ßen. Das geht meines Wissens mit Großplakaten am Straßenrand während der Fahrt im Auto eher nicht.

Außenwerbung muss also anders funktionieren als Kommunikation, auf die eine sofortige Reaktion möglich ist. Wenn aber bei dieser Werbeform das letzte A der von mir so gern zitierten AIDA-Formel[35] nicht möglich ist, dann wäre es doch hilfreich, wenn der Betrachter sich wenigstens erinnern könn-te, von wem das unwiderstehlich gute Angebot auf dem 18/1 Plakat oder dem Citylight-Poster stammte, oder?

Wenn ich ehrlich bin, habe ich bei dem *Toyota*-Beispiel so meine Zweifel. Das Auto selbst ist bei zügiger Vorbeifahrt kaum vor dem gleichfarbigen Hinter-grund erkennbar, und das Logo erscheint so unauffällig, dass viele Autofah-rer es übersehen. Stimmen Sie mir zu? Dann stellt sich natürlich die Frage: Warum fällt das den Kollegen bei *Toyota* nicht auf?

Die Antwort ist so einfach, dass sie schon fast trivial klingt: Die Mitarbeiter bei *Toyota* (und deren langjähriger Agentur) kennen ihr Logo und ihre Kommunikation in- und auswendig. Schauen Sie sich selbst nur einmal über die Schulter, wenn Sie durch die Straßen fahren. Jeder Absender, den Sie gut

---

[35] AIDA steht für „attention, interest, desire, action" und beschreibt den idealen Ver-lauf eines oder mehrerer Kommunikationskontakte. Beschrieben wurde diese For-mel erstmals von Elmo Lewis bereits im Jahr 1898.

kennen, fällt Ihnen auf. Ein Elektronikmarkt, der gerne viel in Rot kommuniziert, hatte sogar einmal eine ganze Plakatserie mit fast unsichtbarem Logo, aber sonst gleicher Gestaltung geschaltet. Erfolgreich, wohlgemerkt! Mir selbst sind eine Zeitlang sogar Markenlogos aufgefallen, die Schrifttypen verwendeten, die der damals von mir verantworteten Marke ähnelten.

Dieses „Etwas-sehr-genau-Kennen" führt dazu, dass man dieses optische Signal plötzlich immer und überall wahrnimmt. Haben Sie schon mal ein rotes[36] Auto gekauft? Plötzlich scheint die halbe Stadt aus roten Fahrzeugen zu bestehen, richtig? Nun, genauso ergeht es auch jedem von uns Marketeers. Bevor der erste Konsument eine neue Kampagne überhaupt zu Gesicht bekommt, haben Agenturen und Marketingabteilungen mindestens schon ein halbes Jahr daran gearbeitet, jedes Kampagnenmotiv in einem Dutzend Variationen gesehen und freigegeben. Subjektiv messen wir den Elementen einer Kampagne daher schon nach kurzer Laufzeit eine viel größere Bekanntheit zu, als unbeeinflusste Verbraucher dies tun würden. Zusätzlich bestärkt werden wir übrigens dadurch, dass neben uns auch ein großer Teil unseres privaten Umfelds mit unserer Marke halbwegs vertraut ist und das Feedback entsprechend positiv ausfällt.

Tipp 26

Lassen Sie sich nicht täuschen: Nur weil wir eine Sache häufig wahrnehmen, messen wir ihr eine deutlich höhere Bedeutung zu, als sie tatsächlich hat. Kritisch wird es, wenn man dann Entscheidungen auf dieser Basis fällt. Diesen Denkfehler nennen Psychologen übrigens „availability bias" (Verfügbarkeitsfehler). Oder, wie mein alter Lehrmeister Peter Nitsche einmal sagte: „Wenn wir eine Kampagne so oft gesehen haben, dass sie beginnt, uns zum Halse herauszuhängen, dann hat sie der Verbraucher vielleicht gerade das erste Mal wahrgenommen."

---

[36] „Rot" können Sie natürlich durch jede andere Farbe ersetzen.

Arbeit soll Spaß machen, aber muss es gleich so viel sein?

Ehrlich gesagt, bin ich schon für viel Spaß bei der Arbeit. Doch, doch! Schließlich heißt es ja auch, wer etwas gerne tut, der täte es gut. Spaß haben bei der Arbeit sollte also eigentlich dazu führen, richtig gute Ergebnisse zu liefern. Und da man, seien wir mal ehrlich, im Unternehmensmarketing schon einige Gestaltungsfreiheiten für den eigenen Job hat, sollten die Resultate der Marketingabteilungen doch eigentlich immer glänzend sein. Zumindest, wenn man dieser Logik folgt.

Nun will ich an dieser Stelle ganz gewiss nicht zu einem Rundumschlag gegen die Ergebnisse des Marketings im Allgemeinen ausholen. Wenn man aber, völlig erschöpft vom Nichtstun, Sonne, Sand und Meeresrauschen genießend, in einem norddeutschen Strandkorb sitzt und dann plötzlich vom Promotion-Team einer Automobilmarke in die schnöde Realität des Konsums zurückgeworfen wird, dann sind Fragezeichen vielleicht angebracht. Wie viel Sympathiepunkte wird die Automarke durch so ein Eindringen in den Ruheraum des Urlaubs gewinnen? Erhöht sie ihre Marken- oder Produktbekanntheit wesentlich? Werden sich Sonnenbadende beim Verlassen des Strandes Stunden später überhaupt noch daran erinnern – und wenn ja, wird es eine positive Erinnerung sein?

Und wie sieht es aus, wenn man in 1200 m Höhe und bei frostigen Temperaturen vor sich auf dem Haltebügel des Skilifts an Produkte erinnert wird, die mit Wintersport und Skifahren so gar nichts zu tun haben – und die spätestens bei der Abfahrt wieder vergessen sind? Welche Zielgruppe genau soll wohl angesprochen werden, wenn TV-Commercials für Gleitcreme im Vorabendprogramm der privaten Sender laufen? Und welchen Sinn hat das teuer erkaufte Logo eines Kameraherstellers im Abspann (!) eines Superhero-Kinofilms, wenn dessen Produkte im ganzen Streifen nicht einmal vorkommen?

Diese Liste von Marketingmaßnahmen, deren Sinnhaftigkeit sich einem Verbraucher nicht wirklich erschließen, können Sie bestimmt beliebig lang weiterführen. Und wie schon in den vorherigen Kapiteln stellt sich wieder die Frage nach der Ursache solcher Irrungen. Ein Blick hinter die Kulissen solcher wenig sinnvoll erscheinender Maßnahmen offenbart nicht selten etwas, das ich „Marketing by chance and fun" nenne – ein Phänomen, das deutlich weiter verbreitet ist und einen größeren Einfluss auf Marketing hat, als man annehmen möchte.

Nehmen wir nur einmal das Gleitcreme-Beispiel, dessen Hintergründe ich ehrlicherweise nicht wirklich kenne. Wenn es so abgelaufen ist wie ähnliche Prozesse, die ich beobachten und miterleben konnte, dann ist etwa Folgendes geschehen:

> Ein neuer Vorstand oder ein neuer Marketingleiter kommt ins Unternehmen und bringt frischen Wind ins Marketing: „Endlich raus aus dem Muff der vergangenen Jahre, weg mit der verschämten Apotheker-Kommunikation – wir leben schließlich in modernen Zeiten! Heute darf man offen über Gleitcreme reden. Wir sind ein Unternehmen, das den Menschen mit seinen Produkten Gutes tut – und darauf sollten wir stolz sein." So oder so ähnlich motiviert der Neue zunächst seine engsten Mitarbeiter, dann den Fachbereich, schließlich den gesamten Vorstand. „Wir sind doch wer. Lasst uns deshalb auch groß denken – keine verschämten Viertelseiten-Anzeigen mehr, wir machen Fernsehen!"

Klar, macht die erste Produktion eines TV-Spots den beteiligten Mitarbeitern viel mehr Spaß als die ewig gleichen Viertelseiten, die Verpackung oder die Apotheker-Info zu produzieren. Der Stolz des Vorstands/Marketingleiters darauf, die Marke in ein neues Zeitalter geführt zu haben, tut ein Übriges. Und auch bei der Frage, was bei den Strand- oder Sicherheitsbügel-Promotions falsch gelaufen sein könnte, kommt der Spaß an dem Projekt an sich, gepaart mit der „guten Gelegenheit" ins Spiel. Das beginnt mit dem ersten Anruf bei einem Sachbearbeiter – telefonische Akquise erfreut sich bei Marketing-Dienstleistern halt immer noch großer Beliebtheit. Wieder einmal wird eine unwiederbringlich gute Gelegenheit angeboten, eine Promotion, die genau zur Marke passen wird …

Welchem dieser vielen Gespräche widmet der betroffene Mitarbeiter seine ungeteilte Aufmerksamkeit, welches nimmt er nur ungern an? Und welches wird er weiterleiten an mögliche Entscheider? Weil aber die Prüfung, ob dieses Angebot marken- und strategiekonform ist, nicht zu seinen Aufgaben gehört, er andererseits aber nicht jeden Anrufer zum Chef durchstellen kann, zieht der Sachbearbeiter andere Selektionskriterien heran. Spaß und persönliches Interesse am Thema der vorgeschlagenen Aktion spielen dabei eine ganz entscheidende Rolle. Deshalb schaffen es aus der Vielzahl nur die „interessantesten" Angebote, die durch eben diesen Spaßfilter gelaufen sind, die hierarchische Telefonkette aufwärts – bis jemand mit entsprechender Entscheidungsbefugnis aus dieser guten Gelegenheit endlich ein Marketing-Projekt macht.

Tipp 27

Nichts spricht gegen Marketingmaßnahmen, die auch den Durchführenden Spaß machen. Aber legen Sie zunächst die zu erreichenden Ziele fest und prüfen Sie jede Maßnahme kritisch im Hinblick auf diese Ziele. Es sei denn, Sie haben Geld im Budget, das Sie anders einfach nicht ausgeben könnten ...

Materialschlacht am Point of Sales

Einige Seiten früher hatten wir schon mal kurz das Thema der Selbstähnlichkeit diskutiert. Persönlich finde ich, dass es kaum eine andere Marketingdisziplin gibt, in der dieses Prinzip so extensiv umsetzt wird wie beim POS, also dem Verkaufsmaterial für den Handel. Bei so einer Leidenschaft riskiert man allerdings leicht, dass das Pferd zu Tode geritten wird. Da wird jedes vorhandene Anzeigenmotiv noch einmal in dreißig weitere POS-Elemente adaptiert: ein Display, ein großer Pappaufsteller im Hochformat, ein kleiner Pappaufsteller quer, ein Flyer in einer Spenderbox, Regalkleber, Regalwinker usw., usw. Manche Präsentationen wirken fast wie ein Schaulaufen der deutschen Papierindustrie.

Das mag seine Ursache darin haben, dass der Platz beim Handel natürlich äußerst begrenzt und jede Marke kontinuierlich auf der Suche nach noch effektiveren Gimmicks ist, mit denen auch das letzte Quadratzentimeterchen im Schaufenster, im Ladengeschäft oder – neuerdings – am Verkäufer selbst besetzt werden kann. Aber ganz ehrlich: Nutzt das eigentlich jemand? Welcher Händler hat den Platz, die Zeit und die Geduld, ein dreißigteiliges Dekoset auszupacken, aufzubauen und zu pflegen? Und das von jeder Marke, die er vertreibt – und dann alle halbe Jahr wieder.

Meinungen dazu gibt es leider genug: Fragen Sie einen Vertriebsverantwortlichen, einen Marketingverantwortlichen und den Etatdirektor einer Agentur – drei unterschiedliche Antworten sind Ihnen sicher. Und wenn Sie dann noch eine europaweite POS-Kampagne gestalten wollen, wird es aufgrund unterschiedlicher Vorstellungen, Regeln und Vorgaben in den jeweiligen lokalen Märkten wirklich kompliziert … Dabei hilft doch eigentlich schon ein einfacher Blick in die Schaufenster oder hinter die Ladentüren einiger Dutzend Geschäfte, um ernüchtert festzustellen, dass weder Fachhandel noch Märkte bereit sind, sich die Verkaufsräume mit Tonnen von Markenbezogenem Papier und Plastik zuzustellen.

Tipp 28

Machen Sie sich am POS nicht selber Konkurrenz. Der Platz beim Handel ist wertvoll – im großen Elektronikmarkt ebenso wie im kleinsten Land-Kiosk. Wenn der Händler einen Platz für Ihr Display frei macht, dann sicher eher für ein gutes, intelligentes als für eines von dreißig mittelmäßigen Papiertools.

Vielleicht liegt es an der Kategorisierung, mit der vertriebsunterstützende Materialien auch gerne bezeichnet werden: „Below-the-line", frei übersetzt etwa „unter der Linie". Finden Sie nicht auch, dass das ein bisschen schmuddelig klingt im Vergleich zur großen, kreativen Disziplin „Above-the-line"? Ob dies der Grund ist, dass diese, bis zur Einführung des Online-Shoppings eigentlich wichtigste Kategorie[37] der Kommunikation, immer so ein bisschen stiefmütterlich behandelt wird?

Ich kenne viele Agenturen, die auf klassische Kommunikation spezialisiert sind und sich, etwa zum Thema Webseiten und Social Media, gerne Spezialagenturen hinzuziehen. Mir ist aber ehrlicherweise kaum eine Agentur bekannt, die Verkaufsförderungsmaterial von entsprechenden Spezialagenturen entwickeln lässt – sieht man von internen Units großer Netzwerke einmal ab. Alle anderen Leadagenturen produzieren Displays & Co. lieber selbst.

Dabei ist, wie wir schon gesehen haben, die psychologische Situation eines Kunden im Laden eine völlig andere als beim Betrachten einer Anzeige oder eines TV-Spots. Also lautet die Aufgabe doch nicht, vorhandene Leadmotive auf kleinere Pappformate zu drucken, sondern hierfür individuell passende Materialien zu konzipieren.

Vielleicht ist das ja die Ursache dafür, dass so manches POS-Element gefühlt ein wenig lieblos daherkommt. Wenn man das Kampagnenmotiv einfach nur in jede gewünschte Form und Größe presst, ergibt das im Konferenzraum der Marketingabteilung nebeneinandergestellt sicher ein tolles Bild. Aber ist das wirklich verkaufsfördernd?

---

[37] Bis zur Einführung des Online-Shopping war der Handel ja praktisch der einzige direkte Kontakt zwischen Verbraucher und Marke.

Tipp 29

Prüfen Sie Ihre Kampagnenmotive sehr genau auf POS-Tauglichkeit. Wenn das Handelsmarketing in Ihrem Marketing-Mix eine wichtige Rolle spielt, lassen Sie Ihre Agentur vor der Entscheidung für das Leitmotiv alle Vorschläge in POS-Materialien adaptieren. Haben Sie einen eindeutigen Favoriten, der sich aber nicht adaptieren lässt, könnte es sinnvoll sein, die Selbstähnlichkeit der Kampagne ein Stück weit aufzugeben. Übrigens: Ebenso wie bei Außenwerbung gilt es auch bei POS, die Entwürfe Ihrer Agentur in Originalgröße und im richtigen Betrachtungsabstand zu beurteilen.

In jeder Branche gibt es scheinbar feste Regeln für die Erstellung von Verkaufsförderungsmaterial. Und weil alle Mitbewerber einer Branche den gleichen Handel mit Materialien beliefern, sehen die Materialien meist sehr ähnlich aus. Machen Sie sich einmal den Spaß, durch die Fachabteilungen der Warenhäuser zu streifen. So viele schöne mit leichtem Softfokus fotografierte Menschen wie auf Displays der Parfumabteilung werden Sie kaum woanders finden. Oder achten Sie mal auf die Langeweile, mit der Uhrendisplays dort aneinandergereiht sind. Format kills creativity? Erst, wenn man daran etwas ändert, hat man – für kurze Zeit – wieder einen kleinen Vorsprung. Die größten Erfolge im Bereich Verkaufsförderung haben wir folglich immer dann erzielt, wenn wir scheinbar unumstößliche Regeln ignoriert und „out of the box" gedacht haben.

Eine typische Regel, die Vertriebsorganisationen ihren Marketingabteilungen immer wieder gerne ins Stammbuch schreiben, lautet: „Der Handel hat keinen Platz." Also produzieren Marketingabteilungen mit Vorliebe kleinere Displays, Aufkleber und Wobbler, die auch gerne mal bis auf Briefmarkengröße herunter mutieren. Ganz besonders betroffen davon war früher der Lebensmitteleinzelhandel, der vor Einführung der großen Wohlfühlmärkte seine Ware so eng packen musste, dass wirklich kaum Platz für werbliche Aussagen war.

Es war eine kleine Hamburger Agentur, die in den achtziger Jahren für die spanische Whiskeymarke Osborne arbeitete und erstmals den gegenteiligen Weg ging: Eine drei Meter große Dekowand – heute würde man von einem mobilen Messestand sprechen – mit dem bekannten Stier im Gegenlicht und

dem Marken-Logo ergab eine perfekte Kulisse. Der Handel dekorierte davor
alle Spezialitäten, die im weitesten Sinne mit Spanien in Verbindung gebracht werden konnten, und mancher sonst eher öde Supermarkt mutierte
so in Minuten zum Feinkostspezialisten. Ach ja: Und Osborne hatte die
größte Markenpräsenz aller Zeiten.

Heute finden Sie in Lebensmittelmärkten solche „Bühnendisplays" durchaus häufiger. Und den Gedanken, groß zu denken, habe ich auch in anderen
Branchen immer wieder erfolgreich umgesetzt. Aber dazu bedurfte es dieses
ersten Regelbrechers.

Scheinbar feste Business-Regeln gibt es aber nicht nur hinsichtlich der Größe, auch Inhalte sollen häufig ganz bestimmten Anforderungen genügen:
Vor einigen Jahren unterhielten sich zwei Verkaufsleiter eines Unternehmens über Ideen zu Weihnachts-Promotions. Der jüngere wollte einen le-
bensgroßen Weihnachtsmann als Display im Musikfachhandel platzieren,
was der ältere mit den Worten kommentierte: „Haben wir schon ein paarmal
versucht. Funktioniert nicht."

Der Weihnachtsmann entstand trotzdem. Ein schnuckeliger, im Comicstil
völlig überzeichneter Pappkamerad in Blau-weiß (Blau war die Firmen-
Hausfarbe des Unternehmens) mit Markenlogo, der so gut ankam, dass man
ihn bei einzelnen Händlern noch viele Jahre regelmäßig zu Weihnachten
antreffen konnte.

Tipp 30

Glauben Sie nicht allen Regeln. Diese Regel wiederum gilt natürlich nicht
nur für POS-Material.

Kommunikative Underdogs

Da wir nun schon bei den Underdogs der Kommunikation angelangt sind, können wir auch noch den Schritt zur ursprünglichen 3D-Kommunikation machen, den Messen. Ich glaube, kaum eine Kommunikationsform aktiviert im Unternehmen mehr Menschen. Nie summt und brummt es mehr in den Büros als wenige Tage vor der einen, ultimativen und möglicherweise nur alle zwei Jahre stattfindenden Hauptmesse des Unternehmens – ganz gleich, ob es sich um den 30-Quadratmeter-Reihenstand einer kleinen Firma oder um den doppelstöckigen 2.000-Quadratmeter-Auftritt einer großen Marke handelt. Und doch ist so ein Rundgang durch Messehallen jedes Mal arg ernüchternd. Wo sind all die Designer, Ratgeber und Besserwisser geblieben, die für die ausstellenden Unternehmen sonst so wirklich gute Prospekte, Webseiten und durchdeklinierte Social-Media-Kampagnen gestalten?

Gut, es gibt natürlich auch viele gute, sehr durchdachte Messestände. Aber die Zahl der Stände – kleine wie große übrigens –, die selbst einfachste Erfahrungen im Messewesen nicht berücksichtigen, ist doch gewaltig: Ungeschickte Lichtsetzung, Hauptausrichtung gegen die Besucherläufe, Sperriegel aus Standmöbeln, die Kunden am Betreten des Standes hindern, und vor allem der fehlende aktive Kundenkontakt sind nur einige der Themen, die sich in praktisch jeder Messehalle wiederfinden.

In einem früheren Abschnitt hatten wir kurz einmal beleuchtet, dass es im Bereich der klassischen Kommunikationskampagnen zwar eine Menge Erfolgsstorys in den Fachmedien gibt, dass aber eben nicht im gleiche Maße über Kampagnen berichtet wird, die nur Durchschnittliches oder gar nichts bewirken. Als Ergebnis kann eigentlich niemand eine Aussage darüber machen, wie wirksam Marketingmaßnahmen statistisch betrachtet wirklich sind. Sollten aber Messestände ein repräsentatives Bild auch für die anderen Kommunikationsdisziplinen darstellen, gibt es im Marketing definitiv eine Menge Luft nach oben.

Messen messen?

Messen sind, rein rechnerisch betrachtet, mit Abstand die teuerste Maßnahme in einem möglichen Marketing-Mix. Sprechen wir bei Anzeigen, TV und Hörfunk, Internet oder Newslettern normalerweise von Beträgen unter zehn Euro pro 1.000 Menschen, die mit diesem Werbemittel in Kontakt kommen (sogenannter 1.000-Kontakt-Preis, TKP), so kommt man bei Messen selbst bei einem kleinen Stand schnell auf Beträge von etwa 200 Euro, bei großen Ständen sogar auf bis zu 10.000 Euro pro 1.000 Kontakte[38]. Oder anders ausgedrückt: Als großer Aussteller könnten Sie auch jedem Besucher der Messe einfach zehn Euro in die Hand drücken. Das hätte den gleichen Effekt – finanziell gesehen zumindest. Lassen Sie mich das an einem Beispiel verdeutlichen:

Im Jahr 2013 hatte die IFA 240.000 gezählte Besucher. Die Kosten für einen kleinen 20-Quadratmeter-Reihenstand betragen überschlägig 7.000 Euro für Standfläche und einen einfachen Systemstand. Rechnet man Nebenkosten, Personal-, Reise- und Übernachtungskosten einschließlich Vorbereitungszeit hinzu, landet man etwa bei 20.000 Euro Gesamtkosten.

Nun läuft nicht jeder Besucher alle Gänge jeder Halle ab, und von einem 20-Quadratmeter-Reihenstand geht nun einmal keine Fernwirkung aus. Rechnet man großzügig, dass etwa jeder zweite Besucher in dem Gang dieses kleinen Standes vorbeikommt, so kommt man auf 120.000 Kontakte und damit auf einen TKP von 166 Euro. Kommt nur jeder dritte Besucher vorbei, wird es entsprechend teurer.

Die gleiche Rechnung, sehr niedrig angesetzt, für einen 2.500 qm großen Messestand: Standbau mindestens 600.000 Euro, Flächenmiete ca. 500.000 Euro, Übernachtungskosten für etwa 300 Mitarbeiter und 6 Tage 180.000 Euro, Nebenkosten wie Grafik, Transporte etc. sowie Personal- und Reisekosten ergeben zusammen Beträge deutlich über 1,5 Millionen Euro. Große Stände werden sicher häufiger wahrgenommen bzw. auch direkt angesteuert – nehmen wir also großzügigerweise an, jeder der 240.000 Besucher

---

[38] Am Beispiel zweier Messestände auf der Internationalen Funkausstellung, Berlin (IFA) überschlägig kalkuliert.

käme einmal an dem Stand vorbei, dann ergibt das einen TKP von mindestens 6.500 Euro.

Angesichts solcher Kennzahlen sollte man eigentlich davon ausgehen, dass Aussteller alles tun, um die ohnehin teure Investition möglichst umfang- und erfolgreich zu nutzen. Schließlich hat kaum ein Unternehmen an anderer Stelle die Chance zu so einem intensiven Kundenkontakt wie auf einer Messe.

Überraschenderweise findet man aber an den Ständen höchst selten die Mitarbeiter, die zuhause für weiteres teures Geld den Kundenkontakt schaffen, pflegen oder abwickeln müssen: Was könnten Servicemitarbeiter, Hotline-Agenten und Social-Media-Redakteure wohl als Erfahrungen mit nach Hause nehmen, würde man ihnen nur ein Plätzchen auf dem Messestand zur Verfügung stellen!

Tipp 31

Auch wenn Ihre Hauptzielgruppe einer Messe der Handel oder Journalisten sind und Ihr Stand ansonsten nur ein repräsentatives Objekt sein soll, kann es wertvoll sein, solche Gelegenheiten für den weiteren Kundenkontakt zu nutzen. Das Feedback, das Servicemitarbeiter bekommen, unterscheidet sich häufig sehr deutlich von dem, das Verkaufsmitarbeiter oder Promotoren zusammentragen können.

Lassen Sie uns noch einmal auf die Kosten zurückkommen. Vermutlich wird kein Unternehmen eine solche Investition tätigen, ohne sich im Vorfeld Gedanken über die zu erreichenden Ziele gemacht zu haben. Häufig jedoch beschränken sich diese auf die unmittelbaren Vertriebsergebnisse. Achten Sie mal darauf, wenn auf Messeständen unmittelbar am Ende eines Messetages oder morgens vor Beginn des nächsten Tages offensichtliche Team-Building-Prozesse ablaufen und Mitarbeiter aktuell in großer Runde verkündete Umsatzergebnisse beklatschen und bejubeln. Ich frage mich in solchen Momenten immer, ob das Unternehmen den bejubelten Umsatz nicht günstiger erreicht hätte, wenn die versammelten Vertriebsmitarbeiter sich eine Woche lang ans Telefon gehängt und ihre Kunden angerufen hätten.

Aber lassen wir die Polemik beiseite und reden Tacheles: Natürlich dient die Teilnahme an Messen auch ganz anderen Zielen. Flagge zeigen bei den Besuchern, der Konkurrenz, der Presse oder den Kunden von morgen – um nur ein paar Argumente zu nennen. Doch mal Hand aufs Herz: Wer von Ihnen definiert für diese Bereiche seine Ziele? Und wenn Sie das tun, messen Sie auch deren Erreichung?

Tipp 32

Legen Sie vor der Messe auch Ihre soften Ziele fest. Was wollen Sie erreichen? Sollen die Besucher ein bestimmtes Produkt oder Produkteigenschaften („erste wasserdichte Bohrmaschine der Welt") verstehen? Sollen Händler oder Presse sich auf Ihrem Stand besser aufgehoben fühlen als auf den Ständen Ihrer Mitbewerber? Wollen Sie den Anteil der Besucher, die nicht nur vorbeigehen, sondern Ihren Stand auch betreten, im Vergleich zur letzten Messe steigern? Wenn ja, um wie viel? Alle diese Ziele lassen sich als KPI[39] definieren und zum Beispiel über gezielte Kundenbefragungen messen.

Für das oben erwähnte Flaggezeigen gibt jeder Aussteller also viel Geld aus und beauftragt meist sehr bemühte Standbauer und -architekten, die – je mehr Budget man in die Hand nimmt – immer imposantere Burgen für die fünf oder sechs Messetage konstruieren. Gerade der nicht-öffentliche Bereich, dessen einziger Zugang meist mit „Händlerbereich" überschrieben und von einer freundlichen, aber bestimmten Mitarbeiterin bewacht wird, ähnelt manchmal schon kleinen Dörfern, in denen man sich gut verlaufen kann.

Und doch gibt es immer wieder frappierende Unterschiede zwischen Innen und Außen. Verglichen mit dem öffentlichen Publikumsbereich vorne, in dem Unternehmen versuchen, mit allen ihnen zur Verfügung stehenden Mitteln zu zaubern, lässt bei nicht wenigen Ständen die Energie scheinbar deutlich nach, sobald man die Schwelle zum Allerheiligsten übertreten hat. Kunden werden mit Plastikgeschirr bedient, der angebotene Sitzplatz hat den Komfort einer Fastfood-Kette und Meeting-Räume sind mit der Detailliebe einer Klosterzelle ausgestattet. Irgendwie unverständlich, wenn man

---

[39] KPI = Key Perfomance Indicator

bedenkt, dass Kunden und Journalisten, denen in solchen Räumen das Unternehmensangebot schmackhaft gemacht werden soll, nach dem oben Gesagtem doch eigentlich zu den wichtigeren Zielgruppen gehören, oder?

Tipp 33

Neben dem Messepublikum auf dem öffentlichen Teil eines Standes sind die Besucher des Händlerbereichs, aber auch die Mitarbeiter Ihre wichtigsten Zielgruppen. Die Gestaltung der nicht-öffentlichen Funktionsbereiche sollte daher mit der gleichen Liebe zum Detail erfolgen wie beim Publikumsbereich. Sowohl Gäste als auch Mitarbeiter sind nach der Messe die wichtigsten Multiplikatoren für die Marke und das Unternehmen.

Fiat lux –
vier einfache Tipps zum Messebau

Messen sind normalerweise sehr geschäftige Ereignisse. Kaum jemand hat Zeit. Besucher besuchen Stände, Aussteller stellen aus und warten auf Besucher und Messebauer – nun, die sind, wenn es nicht gerade in letzter Minute eine konstruktive Katastrophe abzuwenden gilt, spätestens am ersten Messetag schon wieder auf dem Weg in eine andere Stadt. Das ist auch verständlich, weist doch die m+a Datenbank[40] allein für Deutschland 2.800 Messen aus. Und so gibt es kaum jemanden, der die Muße hat, sich das Treiben während so einer Messe unter dem Aspekt anzusehen, welche baulichen Maßnahmen Besucher eigentlich honorieren und welche sie durch Nichtbeachtung abstrafen. Das ist schade, denn aus solchen Beobachtungen lässt sich unglaublich viel lernen. Die gute Nachricht ist, Sie haben dieses Buch gekauft. Und spätestens hier zahlt sich der Kaufpreis in barer Münze nachrechenbar aus. Wetten?

Fangen wir mit einer einfachen Feststellung an. Sie gehen abends durch die wenig bevölkerten Straßen einer fremden Stadt. Auf einer Seite stehen die Straßenlaternen und leuchten den Gehweg gut aus, die andere Straßenseite liegt eher im Dunkeln. Auf welcher Seite werden Sie wohl gehen? Da müssen wir nicht lange raten – natürlich werden Sie auf der helleren Seite gehen. Und nun gehen Sie einmal durch eine beliebige Messehalle. Der Veranstalter spart natürlich so viel Licht wie möglich ein. Volle Festbeleuchtung wäre pure Verschwendung, denn die Aussteller beleuchten alle ihre Stände ja auch noch. Alle? Nun, bis auf ein paar, deren Stände Sie schon von weitem als dunkle Zonen erkennen können. Und wenn Sie so einen Stand gefunden haben, beobachten Sie bitte für ein paar Minuten mal den vorbeiziehenden Besucherstrom. Wie oft wird dieser dunkle Stand angesteuert im Vergleich zu gleich großen, besser ausgeleuchteten Ständen?

Sehen Sie? Die gleiche Psychologie, die Sie auf die helle Straßenseite getrieben hat, wirkt natürlich auch in Messehallen. Dunkle Zonen in einem Mes-

---

[40] www.expodatabase.de/messen-deutschland/ Zugegriffen: 1. Oktober 2014

sestand, zu kalte Farbtemperatur der Lichtquellen oder die falsche Technik – falsches Licht macht Messestände einfach weniger attraktiv (vgl. Abb. 13).

Abbildung 13   Kaltes Tageslicht auf weißen Messeständen wirkt nicht sehr einladend. Hier dreimal das gleiche Licht vor unterschiedlichem Hintergrund. (Quelle: © Heino Hilbig 2014)

Tipp 34

Schon bei der Planung des Messestandes sollte man mit dem Messebauunternehmen über die Ausleuchtung des Standes sprechen. Entdecken Sie beim Aufbau dann schattige Stellen auf Ihrem Stand, lassen Sie zusätzlich Strahler einsetzen oder vorhandene Strahler umsetzen. Achten Sie auf die sogenannte Lichttemperatur. Tageslichtähnliche Strahler haben eine Lichttemperatur um 5.000 Kelvin und werden gerne zur Grundausleuchtung eines Standes eingesetzt. In einer Messehalle wirkt dieses Licht aber schnell kalt und wenig einladend. Deshalb sollte man zusätzlich zur Grundausleuchtung Strahler mit einem wärmeren Licht (bis etwa 4.000 Kelvin) einsetzen, die z.B. auf die Wände gerichtet sind. Dadurch wirkt der Stand angenehm beleuchtet, und Menschen halten sich dort gerne auf.

Das richtige Licht haben Sie nun also. Und doch gehen Besucher nur an
Ihrem Stand vorbei? Und das, obwohl Sie doch so freundlich hinter Ihrem
Tresen lächeln – der Tresen, der auch ganz vorne an der Standgrenze steht?
Hier haben Sie das nächste Problem geschaffen, fürchte ich. Denn Sie geben
den vorbeiziehenden Interessenten keine Möglichkeit, aus dem Strom her-
auszutreten. Wer bei Ihnen stehen bleiben möchte, wird damit automatisch
zum Hindernis für die nachfolgenden Besucher (vgl. Abb. 14). Und wer ist
schon gern Hindernis?

Abbildung 14   Immer am Gang entlang – für Kunden bleibt nur ein 30 cm
                      breiter Streifen am Rand des Podests
                      (Quelle: © Heino Hilbig 2014)

Tipp 35

Wenn Sie die Chance haben, bauen Sie Ihren Stand so, dass Besucher eingeladen werden, ihn zu betreten. Vitrinen und ähnliche Möbel, die an der
Standgrenze aufgereiht sind, blockieren Ihren Stand mehr, als dass sie zum
Bleiben einladen. Wenn Sie einen großen Stand haben, den Besucher als
„Abkürzung" nutzen könnten, schaffen Sie dafür eine optische Achse. So
haben Sie auf jeden Fall die Menschen schon einmal in Ihrem Ausstellungs-
bereich. Nun noch ein paar gute Angebote an diesem Durchgang platzieren –
fertig!

Rein statistisch betrachtet, haben die meisten Unternehmen Stände mit einer offenen Seite und profitieren hoffentlich von den vielen Besuchern, die sich von beiden Seiten des Ganges am Stand vorbeischieben. Seltener und auch schwieriger zu gestalten sind Messestände, die zwei, drei oder sogar alle vier Seiten direkt an Gängen haben. Da stellt sich nämlich die Frage, wohin die Schokoladenseite des Standes denn zeigen soll.

Für die Uhrenmesse INHORGENTA in München hatten wir einen Messestand konzipiert mit der Hauptausrichtung auf einen Eingang der Halle. Zwei Tage vor Messebeginn stellte sich dann heraus, dass dieser Eingang nicht genutzt und der Gang damit praktisch menschenleer sein würde. Die großen Besuchermengen wären nun an der Rückseite unseres Standes an uns vorbeigezogen. „Der Stand steht falsch herum" ist ein Running Gag im Messegeschäft. Hier war für uns aus diesem Witz Realität geworden. Zwei Tage lang haben alle Beteiligten damals Blut, Schweiß und Tränen vergossen, um am Ende der Aufbauzeit doch zum richtigen Gang hin ausgerichtet zu sein.

Tipp 36

Analysieren Sie mögliche Laufwege durch Ihre Halle schon bei der Planung auf dem vom Veranstalter zur Verfügung gestellten Hallenplan und richten Sie Ihren Messestand, Ihre Logo-Positionierung und alle Aktivitäten dahin aus, von wo Sie die meisten Besucher erwarten. Gibt es Gänge mit mehr Besucherverkehr? Dann kann es sogar sinnvoll sein, für die nächste Messe beim Veranstalter eine Verlegung Ihres Standplatzes zu beantragen. Haben Sie einen großen Stand, der an viele Gänge grenzt? Dann kann es hilfreich sein, an einem Tag mit viel Publikumsverkehr für eine Stunde Mitarbeiter an jeden Gang zu setzen und Besucher zählen zu lassen.

Zum Abschluss dieses Kapitels möchte ich noch eine kleine, skurrile Beobachtung mit Ihnen teilen, die insbesondere größere Messestände betrifft. Nehmen wir an, Sie haben alles richtig gemacht: Licht stimmt, Ausrichtung des Standes stimmt und das, was Sie zu zeigen haben, interessiert die Besucher. Ihre Ausstellungsfläche ist nun also gefüllt mit zufriedenen Interessenten, die Sie gut bedient haben. Und nun die Frage: Welche Marke sehen diese sich wohlfühlenden zufriedenen Menschen, wenn sie sich umsehen –

normalerweise? Ihre? Eben nicht! Denn die großen Logos, die man aus Ihrem Stand heraus sehen kann, sind ... die Ihrer Mitbewerber auf den umliegenden Ständen!

Tipp 37

Wenn Sie an der Außenseite Ihres Standes eine Blende mit Ihrem Logo haben, dann bringen Sie es auch auf der Innenseite an. So nehmen Ihre Besucher, aber auch Ihre Mitarbeiter kontinuierlich unbewusst Ihre Marke wahr.

Kapitel 3 – Über Marktforschung, Zielgruppen & Daten: Wenn Zahlen reden könnten

Dass unsere Daten im Marketing ganz häufig nicht halten, was sie versprechen, wurde schon ausführlich schon in *Marketing ist eine Wissenschaft ... und die Erde eine Scheibe?* beschrieben. Aber wie das immer so ist, nach der Veröffentlichung kamen plötzlich von verschieden Seiten noch neue Beispiele, die sich hervorragend für das Thema geeignet hätten. Zudem musste ich in Vorträgen immer wieder erklären, was es denn mit den fehlerhaften Statistiken so auf sich habe. Und so sind aus den Beispielen, die mir dazu einfielen, wieder ein paar durchaus interessante Inhalte und noch wichtigere Praxistipps entstanden, auf die wir vielleicht doch mal einen kurzen Blick werfen sollten ...

Die Phantome, die ich rief:
Digital Natives

Vor ungefähr einem Jahr war ich zu einer Veranstaltung eingeladen, bei der es primär um neue Entwicklungen im Bereich des digitalen Marketings gehen sollte. Einer der Redner plädierte dafür, bei Social-Media-Aktivitäten den operativen Mitarbeitern die Möglichkeit zu geben, möglichst schnell zu reagieren. Auf den Hinweis eines Zuhörers, dass dies in vielen Unternehmen und Konzernen aufgrund der sinnvollen Regeln und Freigabeprozesse für die Kommunikation mit der Öffentlichkeit schwer möglich sei, verwies der Vortragende auf die inzwischen üblichen Smartphones und Blackberries. Mit denen sei man als Verantwortlicher ja ohnehin dauernd erreichbar und könne so entsprechende Freigaben auch mal während eines Meetings oder einer Tagung wie der eben stattfindenden erteilen.

Ich warf ein, dass man nicht alles, was technisch möglich sei, auf den Schultern von Mitarbeitern abladen könne – auch nicht auf die von Führungskräften. Burnout sei schließlich auch in deutschen Chefetagen kein völlig unbekannter Begriff mehr. Mit der dann folgenden Antwort des Redners fühlte ich mich dann endgültig ins Seniorenstift abgeschoben: Das sei, wurde mir bedeutet, heute kein Problem mehr, denn die Vertreter der jetzt aktiven Generation seien schon alles „Digital Natives" und daher trainiert, viele Dinge gleichzeitig zu tun. Multitasking pur.

Digital Natives – mit diesem Begriff wird in Interviews der Marketingmedien mit hippen Agenturchefs die Generation von Menschen bezeichnet, die schon mit dem Internet und der digitalen Welt aufgewachsen ist und daher angeblich ganz anders – viel selbstverständlicher – damit umginge als wir, die wir noch wissen, wie ein Wählscheibentelefon funktioniert. Nun, ich gebe es zu, ich bin einer der Ursaurier, denn ich beherrsche tatsächlich noch EDLIN[41]. Aber damit bin ich bis heute unschlagbar im Vorteil, wenn wieder

---

[41] EDLIN ist ein Programm aus den frühen 80er Jahren, ein zeilenorientierter Texteditor, mit dem man schon einfache Abläufe in MS-DOS, dem frühen Vorläufer von Windows, „programmieren" konnte.

mal einem unserer erwachsenen Kinder der PC „unrettbar" abgestürzt ist oder der WLAN-Router zuhause nicht das tut, was er soll. Und genau deshalb habe ich irgendwie nie an die Existenz der Digital Natives und ihrer besonderen Fähigkeiten als Technikflüsterer geglaubt.

Klar, geht diese Generation spielerisch mit Apps und iPhones um, aber waren wir nicht auch so unschlagbar, als die kabelfreie Fernbedienung für Fernseher eingeführt und öffentliche Telefone plötzlich mit Karten bedienbar wurden? Jede Generation lebt selbstverständlich mit den Technologien, die es schon gibt – und hat etwas Mühe, die jeweils neu hinzukommenden zu erkunden. Aber heißt das, dass Menschen, die mit digitalen Produkten aufgewachsen sind, sich wirklich von denen unterscheiden, die die digitale Welt erst für sich entdecken mussten?

Ja, das sei so, sagen die sogenannten Experten der zahlreichen Digitalagenturen. Sobald ein berufserfahrener, vierzigjähriger Marketingverantwortlicher kritisch die Logik oder Unlogik einer vorgeschlagenen Aktion zu hinterfragen wagt, hört man dann schnell etwas wie: „Das mag ja für Sie unlogisch klingen, aber Sie sind nicht mit diesen Medien aufgewachsen. Ihre Zielgruppe aber, die Digital Natives, die wollen das genau so, wie wir es hier vorschlagen." Vielleicht etwas höflicher, aber die Grundaussage ist die gleiche wie: „Wer nicht selbst damit aufgewachsen ist (wie die 25-jährigen Kreativen der Agentur), kann das nicht nachvollziehen. Also glaubt uns und schweigt."

Ich finde das unerhört diskriminierend! Denn genauso wird der Begriff im Umgang zwischen scheinbar „Wissenden" und anderen Entscheidern doch angewendet, wenn wir mal ehrlich sind. Aber da dieser Begriff der Digital Natives in jeder Kommunikations-Fachzeitschrift inzwischen zum wissenschaftlichen Repertoire der Redaktion gehört, scheint daran ja etwas zu sein – wer würde da noch widersprechen wollen?

Geht man diesem Begriff jedoch einmal wissenschaftlich auf den Grund, stellt sich schnell heraus, dass auch dies wieder einmal nichts anderes als heiße Marketing-Luft ist. Die (wirklich) wissenschaftlichen Erkenntnisse zu diesem Thema sind da ganz eindeutig:[42]

„Eine Klassifizierung als ‚Digital Native', ‚Generation Y', ‚Millennial' oder ähnlichem wird daher von mehreren Medienwissenschaftlern abgelehnt, weil hinsichtlich des tatsächlichen Nutzungsverhaltens (das heißt für welche Aktivitäten die Medien verwendet werden) kaum Unterschiede zu früheren Nutzern feststellbar sind und sich deshalb keine neue Generation im Sinne des Begriffs herausgebildet hat.", sagt schon der erste Eintrag zu diesem Thema bei Wikipedia.[43] Jeder Versuch, eine Marketingaktion mit dem Hinweis auf die digitalen Eingeborenen begründen zu wollen, entlarvt sich somit als Pseudowissenschaft.

Ich empfehle daher jedem, der sich selbst bislang aus dieser Gruppe ausgeschlossen gefühlt hat, die in Fußnote 43 angegeben Quellen selbst zu lesen. Das stellt angekratztes Selbstbewusstsein im Umgang mit den „digitalen Experten" ganz schnell wieder her.

Leider hat mich erst die eingangs beschriebene Diskussion auf dem Kongress dazu gebracht, diese Frage zu recherchieren. Es wäre sicher spannend gewesen, wie sich dieser Kongress entwickelt hätte, wenn schon diese ersten Empfehlungen des Keynote Speakers in sich zusammengefallen wären. Wie glaubhaft wäre sein Vortrag den Zuhörern dann wohl noch erschienen?

Tipp 38

So etwas wie Digital Natives gibt es nicht. Punkt. Sie dürfen also auch im Umgang mit digitalen Medien gerne weiter auf Ihre Erfahrung vertrauen.

---

[42] Schulmeister, R., Gibt es eine Net Generation? Widerlegung einer Mystifizierung. In: S. Seehusen, U. Lucke, S. Fischer (Hrsg.): *DeLFI 2008: Die 6. e-Learning Fachtagung Informatik der Gesellschaft für Informatik e.V. 07.–10. September 2008*, Lübeck. Lecture Notes in Informatics (LNI), Vol. P-132. Gesellschaft für Informatik Bonn 2008, S. 15–28. | Simson Garfinkel: The myth of Generation N. Not all kids are tech-savvy; how will they handle wired future? In: *Technology Review* Aug. 13, 2003. | Scott Carlson: The Net Generation Goes to College; *The Chronicle of Higher Education*, Section: Information Technology, Volume 52, Issue 7, Page A34; 7. Oktober 2005.
[43] www.de.wikipedia.org/wiki/Digital_Native Zugegriffen: 1.Oktober 2014

Dicke Daten und anderer Blödsinn

Ganz sicher hat jeder sein Päckchen im Leben zu tragen Aber können Sie sich vorstellen, welche Reaktion wohl die häufigste war, sobald während meines Studiums oder kurz danach die Sprache auf meine Ausbildung kam?

„Und? Was machst du so?"

„Ich studiere Mathe und Physik."

„Echt, Mathe? Nee, das konnte ich schon in der Schule nie."

So oft, wie ich das gehört habe, kam ich mir als Mathematikstudent schon fast ein wenig wie ein Außenseiter vor. So, als hätte ich den Trend verschlafen, wonach man sich unbedingt von Logik und Zahlen distanzieren müsse, um cool zu sein.

Vielleicht ist ja diese Abkehr von der Schulmathematik eine Ursache dafür, dass im Marketing heute um „Big Data" – das Sammeln und Auswerten personenbezogener Daten – ein solcher Hype entsteht. Mathematisch betrachtet ist das Ganze nämlich eher langweilig – etwas, mit dem Sie keinen Mathematiker hinter seiner Formelsammlung hervorlocken können.

Zudem zeigt doch der aktuelle NSA-Wahnsinn, dass das Sammeln vieler Daten alleine eben nicht selig macht. Und glauben Sie mir, die Geheimdienste haben noch einen relativ einfachen Job, verglichen mit Marketing Auswertern. NSA & Co. müssen „nur" aus einer unendlichen Datenmasse die abnormen Daten herausfiltern. Das ist ungefähr so, als würde man auf einer grünen Wiese die einzige rote Blume suchen. Man sucht, vereinfacht gesprochen, nach E-Mails und Telefonaten, in denen so abnorme Worte wie „Bombe" gepaart mit zum Beispiel „Präsident" vorkommen und hofft, so die bösen Menschen dieser Welt herausfiltern zu können. Wie erfolgreich diese Methode ist, überlasse ich Ihrem persönlichen Urteil.

Nun stellen Sie sich aber einmal vor, welchen Einfluss es auf die Erfolgserlebnisse der staatlichen Auswerter hätte, würden plötzlich alle Menschen in ihren Telefonaten und E-Mails die obige Wortkombination benutzen. Dann funktioniert diese Suchmethode nicht mehr. Und genau diese schwierige

Aufgabe haben Marketeers: Sie müssen in großen Datenmengen ähnlicher Daten nach gemeinsamen Strukturen und Mustern suchen. Das nennt man dann „explorative Statistik", was aber knapp 175 Jahre nach Einführung dieses Begriffs auch irgendwie nicht mehr wirklich neu ist.

Was die Aufgabe aber wirklich schwierig macht, ist die Erwartung, dass man mit diesen vielen Daten die Zukunft vorhersagen könne. Kann man nicht! Oder zu mindestens nicht mehr, als es der Obstverkäufer auf dem Markt kann. Auch der weiß, dass man einer Kundin, die eben Erdbeeren gekauft hat, als nächstes eher die schmackhaften Pfirsiche als den Blumenkohl anbieten sollte. Er weiß auch, dass jemand, der schon dreimal um seinen Stand herumgelaufen ist und offensichtlich einen Blick auf die Kirschen geworfen hat, beim vierten Vorbeischlendern sehr offen für eine Probe oder ein Sonderangebot wäre. Und all das ohne Big Data.

All das ist aber nichts weiter als ein bisschen Erfahrung. Eine verlässliche Aussage über die Zukunft ist damit nicht verbunden. Der Obsthändler kann auf seinen Erdbeeren sitzen bleiben, weil just an diesem Morgen in der Tageszeitung ein Bericht über einen neuen Lebensmittelskandal – diesmal Erdbeeren betreffend – erschienen ist. Oder ein örtlicher Landwirt hat diesen Stadtteil eine ganze Woche lang so günstig mit Erdbeeren versorgt, sodass heute einfach keiner mehr Lust darauf hat. Kundenverhalten kann sich ansatzlos von heute auf morgen ändern.

Big Data ist angewandte Statistik, also Aussagen über die Vergangenheit. Die Zukunft vorhersagen hingegen ist Wahrscheinlichkeitsrechnung. Und wer den Unterschied nicht mehr kennt, der möge doch ins nächstbeste Spielcasino gehen und am Roulettetisch zu einem passenden Moment alles auf die 13 setzen. Wenn diese Zahl nämlich 36-mal nicht gefallen ist, dann kommt sie definitiv beim nächsten Mal – leider aber nur statistisch gesehen.

Auch so phänomenale Headlines wie „Amazon verschickt Waren schneller, als Sie kaufen"[44] in der WELT ändern an dieser Tatsache nämlich nichts. Wer sich den Hintergrund des Patentes, um das es in dem Artikel geht, einmal genauer ansieht, stellt fest, dass Amazon aufgrund seiner Unmassen an

---

[44] www.welt.de/wirtschaft/webwelt/article123990975/Amazon-verschickt-Waren-schneller-als-Sie-kaufen.html vom 18.1.2014

Kundendaten lediglich plant, Ware schon mal auf den Weg zu bringen und in einem Lieferwagen zu lagern, wenn ein erkennbares Kundenverhalten darauf hindeutet, dass der Kunde möglicherweise kaufen könnte. Amazon würde danach also eine Art Wette eingehen, indem es Logistikkosten verursacht, ohne einen Auftrag fest vorliegen zu haben. Wahrscheinlichkeitsrechnung also – nicht mehr.

Wenn aber all das doch ein alter Hut ist, warum gibt es dann diesen Hype? Die Antwort ist so einfach wie erschreckend: weil es für die meisten Unternehmen neu ist. Während nämlich die für die Warenwirtschaft erforderlichen Daten in fast allen Unternehmen schon in den siebziger Jahren elektronisch genutzt und deshalb EDV-konform strukturiert und gepflegt waren, galt dies bis vor einigen Jahren für Produkt- und Endkundendaten in aller Regel nicht. Erst die Verbreitung von Onlineshops vor etwa zehn Jahren hat zu der Erkenntnis geführt, dass man z.B. auch Produktinformationen systematisch strukturiert vorhalten muss, um sie elektronisch einsetzen zu können[45]. Und seit einigen Jahren nun entdeckten Spezialisten, dass das gleiche auch für Kundendaten gilt. Plötzlich mutieren schon immer vorhandene Unternehmensstrukturen wie Webseite, Onlineshop, Service-und Reparaturabteilung oder die telefonische Kundenhotline zu sogenannten Touch Points, deren Kundenkontakte man nunmehr systematisch erfassen und zusammenführen müsse, um gänzlich neue Erkenntnisse über den Kunden ... na ja, Sie wissen schon ...

Sorry, liebe Spezialisten, aber das haben Unternehmen, die damals Direktmarketing betrieben haben, schon zu einer Zeit getan, als *IBM* die ersten PCs noch ohne Windows ausgeliefert hat. Wenn auch diese neue Sau „Big Data" durchs Marketingdorf getrieben worden ist und sich der Staub hinter ihr ein wenig gelegt hat, wird man feststellen, dass es sich wieder einmal nur um ein wenig Handwerk und viel heiße Luft gehandelt hat.

Das können Sie ganz getrost aussitzen.

---

[45] Erst seit etwa zehn Jahren gibt es so genannte PIM-Systeme (Produkt Information Management), mit denen solche Aufgaben bewältigt werden können.

Tipp 39

Neue, kundenbezogene Aktivitäten wie eine Promotion, ein Mailing oder ein Gewinnspiel sollten immer vor dem Hintergrund einer übergreifenden Datenstruktur geplant werden. Auch wenn Sie heute vielleicht noch nicht wissen, wofür die generierten Daten dieser neuen Aktion einmal eingesetzt werden könnten, strukturieren Sie sie. IT-Systeme werden auch in Zukunft immer leistungsfähiger werden, sodass die Analyse oder eine weitere Verwertung immer einfacher werden wird. Aber nur, wenn Ihre Daten gut aufbereitet vorliegen, können Sie davon profitieren.

Marktforschung mit einer Anleitung zum Selbermachen

Beginnen möchte ich mit einem Experiment. Bitte suchen Sie sich eine ungelesene Zeitschrift Ihrer Wahl (bitte keine Zeitung) – am besten eine, die Sie regelmäßig lesen und deren inhaltlichen Aufbau Sie daher kennen. Suchen Sie sich aus dem Inhaltsverzeichnis eine redaktionelle Strecke oder ein Thema, das Sie vermutlich kaum interessiert (auch wenn die Kollegen aus den Verlagen das nicht gerne hören werden, aber jeder hat solche Teile auch in seiner persönlichen Lieblingszeitschrift, nicht wahr?). Dieser Teil sollte zwischen zehn und 20 Seiten umfassen. Nun nehmen Sie eine Uhr mit Sekundenzeiger und messen die Zeit, die Sie brauchen, um diesen Teil der Zeitschrift durchzublättern.

…

Ich habe in den vergangenen Jahren genügend Bücher mit solchen „Aufgaben" gelesen und weiß aus eigener Erfahrung, dass ich natürlich weitergelesen habe – auch wenn der Autor noch so deutlich bat, erst die Aufgabe zu bearbeiten. Dennoch möchte ich Sie wirklich einladen, erst die Übung zu machen. Wenn Sie weiterlesen, bringen Sie sich um eine Erfahrung, die Sie nachträglich nicht mehr bekommen können – Sie werden dieses Experiment nicht mehr unbefangen machen können.

Deshalb geht es mit diesem Kapitel auch erst auf der nächsten Seite weiter.

Wenn Sie nun, wie ich hoffe, tatsächlich Ihre Lesezeit gemessen haben, dann dürften Sie auf etwa zehn bis 20 Sekunden Blätterzeit pro zehn Seiten gekommen sein, richtig? Mehr haben Sie vermutlich nur dann gebraucht, wenn Sie wider Erwarten in diesem Teil der Zeitschrift doch ein interessantes Thema gefunden hatten, also „hängengeblieben" sind. Mit diesen zehn bis 20 Sekunden liegen Sie durchaus im Mittel aller Leser: Etwa 1,6 Sekunden braucht ein durchschnittlicher Leser zum Überfliegen einer Zeitschriftenseite.

In diesen 1,6 Sekunden passiert laut den Untersuchungen des kürzlich verstorbenen Direkt-Marketing-Papstes Prof. Dr. Siegfried Vögele Folgendes: Sie, ich und unser Kunde überfliegen blitzschnell die grafischen Elemente der Seite (also Grafiken, Fotos, Headlines und Logo) und bleiben bei jedem Element für einen messbaren Sekundenbruchteil hängen. In dieser Zeit entscheiden Sie, ich und er (unser Kunde) ebenfalls superschnell und vor allem unterbewusst, ob uns der Inhalt irgendwie interessiert – ob wir also hängen bleiben oder weiterblättern. Das ist wahrhaftig nicht viel Zeit für so eine komplexe Aufgabe.

Ich persönlich bezweifle ja, dass Menschen in diesen 1,6 Sekunden komplexe Headlines erfassen, den Wortwitz darin verstehen, den Zusammenhang mit einem ebenso komplex aufgebauten Bild nachvollziehen und das Angebot als unbedingt kaufenswert erkennen werden. Da müssten schon eine Menge Gorillas durchs Bild laufen …

Stellen Sie sich einmal vor, wie viel besser man Werbemittel gestalten könnte, wenn man nur ein wenig hinter diese unterbewusst ablaufenden Mechanismen schauen könnte. Das würde einige Diskussionen zwischen Agentur und Kunde, zwischen Art Director und Product Manager definitiv vereinfachen, finden Sie nicht?

Die gute Nachricht: Es gibt ein etwa 90-minütiges Video, das Prof. Dr. Vögele schon 1984 veröffentlicht hat. Er selbst spielt die Hauptrolle und demonstriert seine Erkenntnisse zum Thema Direktmarketing mit einer der ersten Augenkameras.[46]

---

[46] Augenkameras werden genutzt, um die unbewussten Bewegungen der Augen bei der Betrachtung von Werbemitteln nachzuvollziehen.

Wenn es Ihnen gelingen sollte, dieses Video antiquarisch noch irgendwo aufzutreiben, empfehle ich unbedingt den Kauf[47]. Selbst nach dreißig Jahren funktioniert es nämlich noch: Immer und immer wieder lässt Prof. Vögele Verbraucher Werbebriefe öffnen und ansehen und kommentiert das Geschehen fast schon mantramäßig. Spätestens nach 20 Minuten ist auch der konservativste Zuschauer überzeugt, dass die Betrachtung eines Werbemittels bei Menschen immer nach den gleichen Mechanismen abläuft.

Aus meiner Sicht gehört dieses Video als Pflichtinhalt unbedingt in die Ausbildung eines jeden zukünftigen Werbungtreibenden. Und glauben Sie mir – das meine ich wirklich ernst!

Das Schöne an der Methode von Prof. Vögele ist, dass man sie auch ohne technische Ausstattung jederzeit selbst anwenden kann. Und der ein oder andere Entscheidungsprozess zum Thema Kommunikation lässt sich damit auch deutlich verkürzen.

Tipp 40

Auch wenn Sie eine Anzeige, eine Webseite oder ein anderes Werbemittel schon länger diskutiert haben, funktioniert die „Augenkamera" immer noch: Bei einer auf Karton aufgezogenen Anzeige legen Sie diesen verdeckt vor sich hin. Nun drehen Sie ihn schnell, aber nicht länger als eine Sekunde, zu sich und achten darauf, wo Ihre Augen als erstes hinschauen. Diese Bewegung können Sie so häufig wiederholen, bis Sie ein eindeutiges Ergebnis haben. Wenn Sie die Pappe nun etwas länger aufdecken, können Sie auch den zweiten und dritten Punkt finden, an dem Ihre Augen fixiert werden. Sind das die Elemente, auf die Sie den Verbraucher lenken wollen? Auch in der richtigen Reihenfolge? Gut! Wenn nicht, wissen Sie, was geändert werden muss. Übrigens funktioniert das natürlich auch elektronisch: Im Präsentationsmodus von PowerPoint (bzw. in Keynote) einfach die Taste „B" drücken. Das erzeugt einen schwarzen Bildschirm. Erneutes „B" zeigt wieder die aktuelle Folie an.

---

[47] Vögele, Siegfried, *Einführung in das Leseverhalten im Direktmarketing*, ursprünglich direkt vertrieben im Online-Shop www.voegele.de/shop.php

Ursachen, Korrelationen und andere Missverständnisse

In einem wissenschaftlichen Artikel in *Paediatric and Perinatal Epidemiology* aus dem Jahr 2004 haben Herr Thomas Höfer und die Damen Hildegard Przyrembel und Silvia Verleger endlich den Nachweis erbracht, dass Babys durch Störche gebracht werden. Anhand einer Statistik des Landes Niedersachsen (vgl. Abb. 15) konnten sie nunmehr endgültig einen statistischen Zusammenhang zwischen der Entwicklung der Storchenpaare und der Geburtenrate nachweisen.[48]

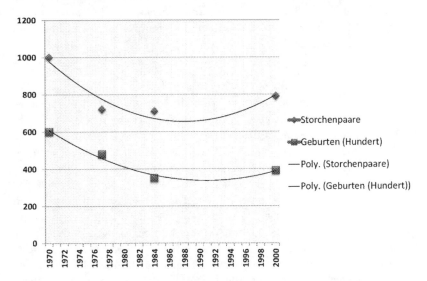

Abbildung 15 In Niedersachsen bringen Störche die Babys –
Korrelationen Geburten und Störche in Niedersachen nach
Höfer, Przyrembel, Verleger

---

[48] www.web.stanford.edu/class/hrp259/2007/regression/storke.pdf   Zugegriffen:
1. Oktober 2014

Ähnliche Zahlen aus Berlin und den Störchen im Brandenburger Umland stützen diese Erkenntnis ebenso wie die Untersuchungen zahlreicher mathematischer Fakultäten diverser Universitäten, die sich auf Analysen der internationalen Storchenpopulationen und Geburten beziehen. Einzig die Tatsache, dass Störche recht selten in Krankenhäusern gesehen werden, ließe Zweifel zu, so die Autoren der Studie.

Das sogenannte Storchenproblem ist ein schönes und übrigens keineswegs triviales Beispiel für einen Zahlenzusammenhang – eine Korrelation – zwischen zwei Werten, die offensichtlich nichts miteinander zu tun haben. In diesem Beispiel ist der darin versteckte Blödsinn hoffentlich für jeden offenkundig. Hier folgen noch ein paar Beispiele.

■ *Facebook* ist verantwortlich für die griechische Finanzkrise.

■ Mücken werden von Sonnencreme angezogen.

■ Senioren fahren mehr Fahrrad

Das erste Beispiel erkennen Sie vermutlich sofort wieder als hausgemachten Blödsinn – obwohl das Wachstum der Nutzerzahlen des Netzwerks frappierend mit dem des griechischen Haushaltsdefizits übereinstimmt. Aber wie sieht es mit den beiden nächsten Aussagen aus? Da wird es schon schwieriger. Jedenfalls in dieser verkürzten Form werden Sie die fehlende Korrelation dahinter sicherlich nicht auf Anhieb erkennen.

Es gibt eine tatsächlich eine Korrelation zwischen der Zahl der Mückenstiche – bzw. dem Absatz Mückenstich-abschwellender Arzneien – und dem Verbrauch von Sonnencreme. Beide tauchen statistisch gesehen in den Sommermonaten vermehrt auf und haben – welch eine Überraschung! – eine gemeinsame Ursache: den Sonnenstand. Aber eine Ursachen-Wirkungs-Logik existiert deshalb noch lange nicht.

Weniger offensichtlich ist die Behauptung, dass Senioren die Hauptnutzer von Fahrrädern seien (vgl. Abb. 16). Die Intuition flüstert ganz laut, dass das nicht sein könne, aber wenn die Statistiken das doch hergeben?

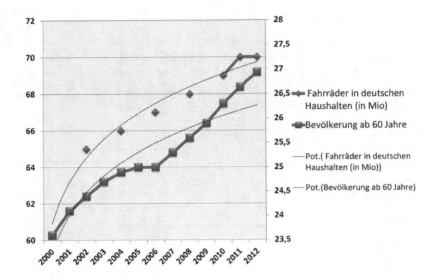

Abbildung 16   Mehr alte Menschen fahren endlich wieder Fahrrad –
Bestand an Fahrrädern in Deutschland[49] und Anzahl Einwohner ab 60 Jahre[50]

Nun, auch hier habe ich Sie aufs Glatteis geführt und einfach zwei Entwicklungen, die über eine Zeitachse einen ähnlichen Verlauf haben, miteinander
in Verbindung gebracht. Dazu habe ich noch die Achsen der beiden Kurven
unterschiedlich gewählt. Dass nach dieser Statistik nun jeder ältere Mensch
fast 3,5 Fahrräder besäße, fällt so doch gar nicht mehr sehr auf ...

Mal ganz böse nachgefragt: Wie würde sich unser Geschäft wohl ändern,
würden wir das nächste Mal, wenn jemand uns eine Affinität einer bestimmten Zielgruppe oder Leserschaft mit einem unserer Produkte anpreist, nach
dem Datenhintergrund dieser Behauptung fragen? Und damit kommen wir
auch schon zu der Frage der besonderen Affinität einzelner Medien für Ihr –
ja ganz genau für Ihr (!) – Produkt. So funktioniert es:

---

[49] Zweirad-Industrie-Verband e.V.: www.ziv-zweirad.de/presse/marktdaten/
[50] Statistisches Bundesamt: www.destatis.de/DE/ZahlenFakten/GesellschaftStaat/Be-
voelkerung/Bevoelkerungsstand/Tabellen_/lrbev01.html

Als Medienvertreter frage ich einfach meine Leser nach der von Ihnen ange-botenen Ware oder Dienstleistung und habe eine Statistik, die im günstigen Fall zeigt, dass meine Leser überdurchschnittlich affin für Ihr Produkt sind. Ist so eine spezielle Umfrage gerade nicht zur Hand, nehme ich die von Ihnen definierte soziodemografische Zielgruppe, vergleiche sie mit den Daten des eigenen Mediums und habe – glückliche Fügungen vorausgesetzt – wieder eine besondere Affinität, die Sie dazu bringen soll, genau mein Medium im nächsten Mediaplan zu buchen.

Wenig überraschend ist, dass das für Medien mit großer, allgemeiner Reichweite selten zutrifft. Das scheint logisch, denn wenn man, wie die *ADAC-Motorwelt*, die *Bild* oder *ARD* und *ZDF*, einen großen Teil der deut-schen Bevölkerung abdeckt, dann können die Affinitäten eben kaum noch vom Durchschnitt abweichen. Oder mathematisch ausgedrückt: Wenn Sie einen Eimer mit 750 weißen und 250 roten Tischtennisbällen füllen und daraus dann 900 Kugeln ziehen, dann ist es einfach sehr wahrscheinlich, dass Ihre Ziehung schon annähernd weiße und rote Bälle im Verhältnis 3:1 anzeigt.

Das nennt man allgemein das Gesetz der großen Zahl, und eigentlich hat jeder dafür ein ganz gutes Gefühl. Verblüffend jedoch ist, dass Menschen die gegenteilige Gesetzmäßigkeit – das Gesetz der kleinen Zahl - intuitiv nicht erfassen können. Darauf weist der Psychologe und Nobelpreisträger Daniel Kahneman in seinem aktuellen, für Werber und andere Kommunikatoren übrigens sehr lesenswerten Buch hin:[51] Danach erwarten wir, dass dieses Verhältnis von 3:1 sich auch bei kleineren Ziehungen wiederfindet – Abwei-chungen von diesem Verhältnis nehmen wir als „außergewöhnlich" wahr. Tatsächlich jedoch sind solche Abweichungen vom Mittelwert bei kleinen Ziehungen eher die Normalität, ein statistischer Regelfehler sozusagen. Das klingt nun arg theoretisch – lassen Sie uns das also mal in normale Marke-ting-Sprache übersetzen:

---

[51] Kahneman, Daniel, *Schnelles Denken, langsames Denken*, München, Siedler Verlag, 2012

Bleiben wir dazu kurz bei den Tischtennisbällen. Wenn Sie aus dem Eimer wahllos vier Bälle ziehen, dann ist es sogar recht wahrscheinlich[52], dass Sie keinen roten erwischen und damit ein Ergebnis erzielen, das unter dem Mittelwert liegt. Auch können Ihnen mal zwei, drei oder sogar vier rote Bälle dabei in die Hand fallen. So, wie es also logisch ist, dass eine große Fallzahl Ergebnisse dicht am erwarteten Mittel zeigen wird (Gesetz der großen Zahl), so logisch ist es, dass im Umkehrschluss Ziehungen mit kleiner Fallzahl eher Abweichungen davon zeigen werden (Gesetz der kleinen Zahl).

Daniel Kahneman zeigt dies am Beispiel von Nierenkrebsstatistiken in den USA. Dort fand man, dass es kleine, ländliche Distrikte im Südwesten mit geringer Bevölkerung gibt, in denen statistisch gesehen unterdurchschnittlich wenige Fälle von Nierenkrebs gefunden wurden. Überdurchschnittliche Fallzahlen hingegen wurden in kleinen, ländlichen Distrikten im Südwesten mit geringer Bevölkerung gefunden! Lesen Sie diesen Satz ruhig ein zweites Mal, er ist genauso gemeint, wie er hier steht.

Wenn man aus dem Eimer (Einwohner der USA) nur wenige Bälle zieht (kleine, bevölkerungsarme Distrikte im Südwesten), dann hat man halt häufiger Abweichungen nach oben und unten. Der Nierenkrebs in einigen Distrikten der USA ist also ebenso wie drei oder vier rote Bälle ein statistischer Fehler und sagt nichts über irgendwelche schlechteren Rahmenbedingungen der dortigen Einwohner aus.

Was hat das nun mit Marketing zu tun?

In der Mediaanalyse 2012 liegt die durchschnittliche verbreitete Auflage aller Titel bei etwa 500.000 Exemplaren. Geht man davon aus, dass jedes Exemplar auch mindestens einen Leser sieht, hätten wir also eine halbe Million Leser, deren Affinitäten es zu untersuchen gilt. Wissenschaftlich notwendig ist dafür eine Stichprobe von ca. 400 zu befragenden Lesern.[53] Und damit sind wir wieder im Südwesten der USA oder dem großen Eimer

---

[52] Auf das gerne eingesetzte Mittel, an dieser Stelle die Wahrscheinlichkeit vorzurechnen, würde ich gerne zugunsten der Lesbarkeit verzichten. Sie haben doch bestimmt einen freundlichen Mathematiklehrer in Ihrem Bekanntenkreis, oder?

[53] Zur Ermittlung sinnvoller Stichprobengrößen verweise ich an dieser Stelle wieder auf den freundlichen Mathematiklehrer.

voller Tischtennisbälle gelandet: Wenn ich aus einer Gesamtheit von 70,5 Millionen Verbrauchern[54] 400 aussuche und deren Präferenzen hinsichtlich Margarine, TV-Geräten oder Automarken abfrage, wie groß ist dann wohl die Wahrscheinlichkeit, dass die bei dieser Umfrage erzielten Ergebnisse vom Mittelwert aller Einwohner Deutschlands abweichen?

Noch einmal kurz zum Mitrechnen: Wenn Sie aus dem Eimer nur vier der tausend Bälle ziehen, dann entspricht diese Stichprobe 0,4% der Grundgesamtheit – und die Wahrscheinlichkeit, dass Sie dabei extreme Abweichungen vom Rot-Weiß-Verhältnis der Bälle haben werden, ist schon sehr groß. Je kleiner die Stichprobe ist, desto größer ist das Risiko dafür – das Gesetz der kleinen Zahl. Wenn Sie 400 Leser aus einer Grundgesamtheit von 70 Millionen Menschen auswählen, entspricht Ihre Stichprobe sogar nur noch 0,0006% der Grundgesamtheit.

Wohlgemerkt: Ich spreche hier nicht von offensichtlichen Affinitäten wie „Leser einer Laufzeitschrift interessieren sich überdurchschnittlich für Sport" oder „Leser einer Gartenzeitschrift haben überdurchschnittlich häufig einen eigenen Garten". Das statistische Problem der kleinen Zahl schlägt immer dann zu, wenn es um unerwartete Affinitäten geht. „Leser einer Sportzeitschrift haben ein überdurchschnittliches Interesse an Fotografie" oder „Leser einer Gartenzeitschrift ernähren sich gerne gesund". Seien wir ehrlich, für solche Affinitäten gibt es keinerlei logische Begründungen. Aber genau nach solchen Affinitäten, die mit hoher Wahrscheinlichkeit nichts anderes als Statistikfehler der kleinen Zahl sind, werden Mediapläne generiert.

Ist es da wirklich ein Wunder, dass wir Ergebnisse von Kampagnen nur dann halbwegs sicher prognostizieren können, wenn wir sehr viel Mediabudget einsetzen? Dann nämlich gilt wieder das Gesetz der großen Zahl, und Sie erreichen Ihre Zielgruppe nicht etwa durch eine hohe Affinität einzelner Medien, sondern einfach durch den großen Mediaeinsatz.

---

[54] rechnerische Basis der Mediaanalyse

Tipp 41

Wenn Ihnen Medien zur Buchung empfohlen werden, weil diese zu Ihren Zielgruppen eine besondere Affinität besäßen oder sonst wie besonders vom Durchschnitt abwichen, prüfen Sie Ihre Intuition. Erscheint Ihnen diese Affinität logisch – prima! Können Sie die statistische Abweichung aber für sich selbst nicht sinnvoll erklären, dann sollten Sie die vermeintliche Affinität gründlich hinterfragen.

Tipp 42

Soziodemografische Daten sagen absolut nichts über das Kaufverhalten aus – der englische Thronfolger Prinz Charles und der Musiker Ozzy Osbourne sind dafür das beste Gegenbeispiel.[55] Nur weil zwei Menschen gleiches Alter, Geschlecht, Einkommen oder Bodymaßindex[56] haben, heißt das nicht, dass ihre Kaufentscheidungen irgendwie vergleichbar sein müssen. Mediapläne sollten deshalb nicht vorranging nach soziodemografischen Kennzeichen erstellt werden.

---

[55] Siehe das Beispiel Prinz Charles – Ozzy Osbourne in *Marketing ist eine Wissenschaft ... und die Erde eine Scheibe?*, Wiesbaden, Springer-Gabler, 2013, S. 30

[56] Ja, auch danach können Sie Zielgruppen in der neuen Studie b4p auswerten! www.b4p.de/online-auswertung/ Zugegriffen: 1. Oktober 2014

Daten - dezimale Scheuklappen?

Die Zahlen waren eindeutig. Laut GfK[57] hatte *Swatch* den Uhrenmarkt 1993 fest im Griff: Jede vierte verkaufte Uhr war ein buntes Plastikmodell der Schweizer. Andererseits hatten wir bei *Casio* eine ebenso unzerstörbare wie leider auch unverkäufliche, mächtige, schwarze Digitaluhr, die es später schaffte, die Marktverhältnisse umzudrehen und *Swatch* vom Thron zu stoßen. Hätten wir die Marktdaten der GfK in die Zukunft fortgeschrieben, hätte es das komplette Umdrehen der Marktverhältnisse und den späteren Siegeszug der *Casio G-Shock*-Uhrenreihe niemals gegeben.

1997 hat in den USA Steve Jobs seine deutlich unterbezahlte[58] Position als CEO bei *Apple* übernommen – ein Unternehmen, das damals praktisch vor dem Konkurs stand. Die Idee, mit der er nach der Neuausrichtung die Marke revolutionieren wollte, war ein tragbarer elektronischer Musikplayer. Die Absatzzahlen der bereits reichlich vorhandenen Player hielten sich in sehr überschaubaren Grenzen, und der Softwaremarkt in dem Bereich war fest in der Hand weniger Plattenfirmen. Hätte Jobs nach diesen Zahlen gehandelt, gäbe es *Apple*, wie wir es heute kennen, vermutlich nicht (mehr).

Gab es in den 90ern noch drei große Versender, mussten erst *Neckermann* und 2007 dann jedoch auch der altehrwürdige *Quelle-Versand* seinen Betrieb einstellen. Der Versandhandel mit Textilien, damals das Hauptgeschäft der großen Drei, funktionierte bei der jungen Internetgemeinde einfach nicht mehr – und mit den verbleibenden Kunden der Mailorder-Generation konnte nur noch *Otto* überleben. So die Faktenlage per Ende 2007. Im Jahr darauf gründeten zwei unerschrockene Idealisten ein kleines Unternehmen namens *Zalando*, das binnen vier Jahren zum internationalen Milliarden-Unternehmen wuchs.[59] Würden wir heute wohl „vor Glück schreien", hätten die Gründer sich von diesen Datenanalysen leiten lassen? Vermutlich eher nicht.

---

[57] Das Marktforschungsinstitut „Gesellschaft für Konsumforschung"
[58] Steve Jobs arbeitete viele Jahre offiziell als „Interims-CEO" für den symbolischen Betrag von einem Dollar.
[59] www.de.wikipedia.org/wiki/Zalando Zugegriffen: 1. Oktober 2014

Alle diese Beispiele – und die beliebige Zahl weiterer, die man hier aufzählen könnte – haben eines gemeinsam: Die fundierten und umfangreichen vorhandenen Daten über den Markt und den Wettbewerb sprachen absolut gegen die Entscheidungen, die anschließend gefällt wurden.

Stellen Sie sich das doch bitte einmal vor:

Die bekannten, zuverlässigen Marktzahlen sprechen eine deutlich negative Sprache – gegen ein Projekt, das Sie in Ihrem Unternehmen umsetzen wollen. Wie wahrscheinlich ist es, dass Ihr Vorstand dennoch grünes Licht gibt? Dabei sind unbestritten alle Ihnen vorliegenden Daten nur eine Beschreibung der Vergangenheit. Die Bilanz Ihres Unternehmens sagt etwas darüber, wie Sie letztes Jahr abgeschlossen haben, aber absolut nichts darüber, wie Ihr Geschäft im nächsten Jahr aussehen wird, richtig? Jeder Versuch, aus einer Datensammlung die Zukunft abzuleiten, ist unrettbar zum Scheitern verurteilt.

Wenn Ihnen der Wetterbericht für heute Sonne und 22 Grad vorhergesagt hat, die Realität jedoch nur 18 Grad und Schauer bringt, überrascht uns das noch? Nun stellen Sie sich vor, Sie seien verantwortlich für die Planung eines großen Events Ihrer Firma, der in drei Wochen teilweise draußen stattfinden soll. Würden Sie wirklich ohne einen Plan B arbeiten, also ohne eine Option für den Fall, dass es genau zum Zeitpunkt der Veranstaltung wolkenbruchartig regnet? Natürlich nicht! Intuitiv wissen wir nämlich, dass solche Vorhersagen mächtig daneben liegen können.

Daten, gleich welcher Art, sind also nur Vergangenheitsbetrachtungen. Das gilt für Bilanzen und GfK-Zahlen ebenso wie für Mediadaten oder sogar Marktforschungsergebnisse. Auch diese beschreiben schließlich nur, wie Verbraucher sich zum Zeitpunkt der Umfragen gefühlt bzw. entschieden haben. Umfragen unter jüngeren Menschen zum Online-Kauf von Kleidung beispielsweise sahen vor Gründung von *Zalando* sicher ganz anders aus als zwei Jahre danach. Fokusgruppen, die wir im Sommer 1996 zur Frage durchführten, wie Verbraucher Digitalkameras nutzen würden, waren völlig vergebens. Der Durchbruch dieser Produkte kam erst zwei Monate später, und die Teilnehmer konnten sich unter einer Digitalkamera schlicht noch nichts vorstellen.

Aus Vergangenheitsdaten lassen sich also weder verlässlich Zukunftsprognosen ableiten, noch erobert man damit erfolgreich Märkte. Steve Jobs hätte *Apple* niemals zu dem Unternehmen machen können, was es heute ist, wenn er Vergangenheitsdaten folgend Strategien eingesetzt hätte, die alle Mitbewerber genauso entwickeln und anwenden hätten können.

Und genau darin besteht doch eigentlich die Aufgabe, die das Marketing im Unternehmen hat: Wettbewerbsvorteile finden und aktiv schaffen. Richtig?

Tipp 43

Niemand kommt ohne Daten aus. Aber Daten aus der Vergangenheit beschreiben Zukunftsmärkte nur unter absolut unveränderten Rahmenbedingungen. Deshalb können Sie solche Statistiken und Auswertungen auch immer nur als Indiz nutzen – niemals jedoch als eine sichere Basis für Ihre Planung. Insbesondere dann, wenn Sie neue Märkte, Branchen oder Vertriebskanäle erobern wollen, sollten Sie Daten sogar im Gegenteil danach durchforsten, was bisher noch niemand gemacht hat.

Kapitel 4 - Organisation ... oder: Wie macht man das?

Nicht alles, was uns Marketeers so an Irrungen und Wirrungen unterkommt, ist zwangsläufig ein Denkfehler, den man aktiv hätte vermeiden können. Manchmal haben wir es auch mit Dingen zu tun, die eigentlich immer funktioniert haben, und mit Prozessen, die wir in den Unternehmen oder in Zusammenarbeit mit den Agenturen immer schon so praktiziert haben. Bis ... ja, bis sie irgendwann eben nicht mehr funktionieren.

Allerdings fehlt uns ebenso wie vielen anderen Unternehmensbereichen häufig der berühmte Blick von außen, der uns die alles entscheidende Frage stellt: Warum machen Sie das eigentlich so umständlich?

Im Folgenden geht es zwar auch wieder um Inhalte – aber eben auch darum, wie man diese ad absurdum führt, indem man unpassende Organisationsstrukturen darauf anwendet.

2015: Marketing reloaded?

Schaut man mal sehr weit in die Geschichte der Kommunikation zurück, dann gab es damals eigentlich nur eine Sorte Dienstleister. Eine Agentur hat dem Kunden damals alles abgenommen, ohne jedes Wenn und Aber. Mitte der 70er Jahre dann entstanden die ersten Ausgründungen und Spezialagenturen. Produktioner machten sich ebenso selbständig wie Direktmarketing-Spezialisten und Mediaagenturen. Die Netzwerke und Einzelagenturen, die immer noch alles aus einer Hand anboten, nannten sich zwecks Unterscheidung und Eigenmarketing fortan Fullservice-Agenturen. Und dann kam Ende des letzten Jahrtausends die Revolution, die alles durcheinander gewürfelt hat: Dieses merkwürdige Ding namens Internet begann so groß zu werden, dass erste Unternehmen auf den Gedanken kamen, dass man dort auch Verbraucher treffen und mit ihnen kommunizieren könnte. Es entstanden die ersten Online-Banner. Das Web war als Werbekanal entdeckt.

Ich habe mich immer gefragt, wo die Innovationsfreude vieler Agenturen damals war, denn fast zehn Jahre lang haben nahezu alle großen Netzwerke und Agenturen dieses Feld den Kleinen, sogenannten Webagenturen, überlassen, die meist besser programmieren als gestalten konnten.

Leider verblieb damit aber auch die Aufgabe, die Inhalte im Internet mit denen in der sonstigen Kommunikation aufeinander abzustimmen, meist bei den Auftraggebern: Als ich um 2005 eine Agentur suchte, mit der ich gemeinsam eine Kommunikationsstrategie erarbeiten wollte und die sich dann um die Umsetzung in allen Medien, einschließlich Web, kümmern würde, mussten wir lange suchen. Auch die vielprämierte Agentur, für die wir uns damals dann entschieden, hatte deutlich mehr versprochen, als sie halten konnte.

Leider sieht die Situation in den Unternehmen immer noch ähnlich aus. Ich kenne Unternehmen, bei denen der Internetbereich bis heute bei der IT-Abteilung angesiedelt ist, weil sonst niemand im Unternehmen die Sprache der Front- und Backendprogrammierer, der Content Manager und der SEO-Spezialisten zu verstehen scheint. Das Internet hat sich wie ein Fremdkörper in die Organisationen geschoben und ist in einigen Unternehmen immer noch nicht ganz angekommen.

Festmachen lässt sich das am Auftritt solcher Unternehmen in den elektronischen Medien. Denn trotz der fachkundigen Stimmen sehen viele elektronische Marketingelemente aus wie HTML-optimierte Anzeigen des gleichen Unternehmens. Dabei waren sich schon Ende der 90er die wenigen Experten recht einig darin, dass das Internet nicht nur ein neuer Kanal sei, in dem man Anzeigen, TV und POS nur hineinadaptieren müsse. Aber selbst heute, fünfzehn Jahre später, findet man sogar in den sozialen Medien noch Unternehmensauftritte, die klassischen Kampagnen aufs Haar gleichen.

Die Schwierigkeiten der Unternehmen mit der Integration der elektronischen Medien sind zu einem nicht geringen Teil der klassischen Organisationsaufteilung der 90er Jahre in „Werbung" und „Öffentlichkeitsarbeit" geschuldet:

Werbung und PR folgen unterschiedlichen Regeln. Wurde einem Journalisten früher werbliches Informationsmaterial angeboten, war man als Kommunikator doch meistens schon diskreditiert. Umgekehrt hätte das Florett, mit dem die PR kämpft, doch keinerlei Wirkung in der klassischen Kommunikation: Stellen Sie sich nur einmal vor, man würde Direktmailings mit der Methodik von PR an seine Kunden senden. Wie hoch wäre die Rücklaufquote ohne Coupons, Aktionsaufkleber und die gefühlten hundert Ausrufezeichen in der Drucksache? Vermutlich ganz dicht bei null. Diese beiden Themen in unterschiedliche Organisationseinheiten aufzuteilen, machte also unbedingt Sinn. Die Frage aber war – und ist: Wo sollen die neuen Medien dann angesiedelt werden? Sie passen auf jeden Fall weder einwandfrei in die eine noch in die andere Gruppe.

Offensichtlich funktioniert die bisherige Aufgabenaufteilung nicht mehr und sollte durch eine zeitgemäßere ersetzt werden: Kanäle, die aktiv – oder neudeutsch: interaktiv – sind, also mit dem Empfänger in einen Dialog treten wollen, sind die eine Organisationseinheit, alle anderen, also die rein sendenden Bereiche, sind die zweite.

Ich höre den Einwand schon und natürlich haben Sie recht: Sie wollen mit jeder Kommunikation Reaktionen erzeugen und idealerweise in einen Dialog eintreten. Um die beiden Bereiche dennoch klar voneinander abgrenzen zu können, genügt eine einzige einfache Frage: Erhalten Sie die mögliche Antwort Ihrer Zielgruppe auf dem gleichen Kanal, auf dem Sie auch senden? Dann ist es ein interaktiver Kanal – oder auch „Dialogmarketing". Kommt die Reaktion auf einem anderen Kanal, dann ist das „Anstoßmarketing". Sie stoßen, wie bei einem Domino-Spiel, den ersten Stein an und hoffen auf eine Reaktion an anderer Stelle.

Noch ein wenig konkreter:

▨ Jede Reaktion auf einen TV- oder Radiospot oder eine Anzeige erhalten Sie auf anderem Wege. Ihre Zielgruppe wird wohl kaum eine Anzeige schalten, um Ihnen zu antworten. Das gleiche gilt für Ihre Webseite, Ihren Messeauftritt, Citylight-Poster usw., usw.

▨ Jede Reaktion eines Journalisten auf Ihre E-Mails mit Pressemitteilungen oder Anrufe erhalten Sie auf dem gleichen Kanal, ebenso bei Antworten auf *Facebook*-Posts oder E-Mail-Newsletter.

Nun werden einige Puristen und Synergie-Freunde einwenden, dass man damit doch dem Know-how nicht gerecht würde und nicht die optimale Synergie aller Internet-basierten Methoden nutze, wenn die Mitarbeiter, die den Content der Webseite verantworten, in einem anderen Raum sitzen als die, die zum Beispiel Newsletter versenden.

Aber ist das wirklich so? Weiß Ihr Mitarbeiter für klassische Kommunikation genau, wie man einen TV-Spot erstellt? Oder weiß er es nur prinzipiell, kennt also die ungefähren Schritte? Sehen Sie, genau das ist auch das, was der Content-Redakteur Ihrer Webseite wissen muss. Er muss die Schritte kennen, um einen Inhalt auf der Seite gestalten zu können. Aber die Inhalte und die Form der Ansprache beider Medien stimmen weitestgehend überein. Also ist die Synergie durch die Inhalte größer, als beide Medien sich technisch unterscheiden.

Andersherum sind die Inhalte, die Sie in einem Newsletter kommunizieren, durchaus die gleichen, die Sie auch Journalisten mitteilen oder per *Facebook* teilen wollen. Der Unterschied besteht lediglich in der Art der Ansprache. Aber ist das Grund genug, daraus eigene Organisationsbereiche zu machen? Wenn Sie Ihrem Chef, Ihrem Lebensgefährten oder Ihrem Zahnarzt mitteilen wollen, dass Sie einen Termin nicht einhalten können, kommunizieren Sie doch auch die gleichen Inhalte in unterschiedlichen Ansprachen, oder?

Tipp 44

Klassische, gelernte Organisationsstrukturen im Marketing machen angesichts der vielen, neu hinzukommenden Medien heute keinen Sinn mehr.
Diese Entwicklung wird sich vermutlich auch in Zukunft fortsetzen. Daher
sollten Sie Ihre Organisation weniger nach Kanälen, sondern vielmehr nach
Kommunikationsmethoden aufbauen. Dieser Wechsel wird sich durch eine
konsistente Kommunikation, die auch die Kanäle perfekt bedient, auszah-
len.

Sollten Sie sich jetzt übrigens fragen, wohin in diesem Bild der Online-Shop
gehört – sitzt dieser einerseits doch meist direkt an einer Webseite, andererseits geht es um unmittelbare Kommunikation mit dem Kunden – dann ist
die Antwort einfach:[60]

Der Shop ist ein Vertriebskanal und gehört in den Vertrieb!

---

[60] Zum Aufbau eines Shops empfehle ich, den zukünftig verantwortlichen Vertriebs-
kollegen ins Dialogmarketing zu setzen und die Funktionsweisen des Shops dort
gemeinsam mit den Marketingkollegen erarbeiten zu lassen. Wenn dann der Test-
betrieb beendet ist ... siehe oben!

Angela Merkel oder das neue Ding „Internet"

Am 19. Juni 2013 erklärte Bundeskanzlerin Merkel in einer Ansprache vor Journalisten, dass „das Internet für uns alle ja noch Neuland"[61] sei – ziemlich genau übrigens siebzehn Jahre nach meinem ersten Kontakt mit diesem Ding. Ich weiß ja nicht so genau, wie Sie darüber denken, aber die Netzgemeinde hat sich über diese Aussage königlich amüsiert. Sieht man allerdings die organisatorischen Gräben, die scheinbar durch viele Unternehmen laufen, dann könnte man tatsächlich zu der Vermutung kommen, dass auch dem einen oder anderen Unternehmensführer diese elektronischen Kommunikationsformen immer noch Rätsel aufgeben.

Von den Internetabteilungen, die organisatorisch im Bereich der IT statt im Marketing angesiedelt sind, sprachen wir schon. Noch überraschender und kreativer sind die Lösungen sogar, wenn es um die sozialen Netzwerke und die Frage geht, wer sich denn um die *Facebook-, Twitter-* oder *YouTube-*Präsenz des Unternehmens kümmern sollte.

Abbildung 17   Zwanzigjährige als Social Media Manager Ihrer Marke? (Quelle: Fotolia/Wolfgang Herget)

---

[61] www.youtube.com/watch?v=D-EUytbzO5Y Zugegriffen: 1. Oktober 2014. Oder einfach nach „Angela Merkel Internet ist für uns alle Neuland" suchen.

Da wird die ganze Pflege der Unternehmensseiten gerne an externe Agenturen ausgelagert. Prinzipiell ist das sicher eine sehr gute Idee. Nur: Wer beauftragt und steuert die dann eigentlich?

Eine andere Lösung besteht gerne darin, dass sich junge, interne Mitarbeiter oder externe Blogger um die Pflege kümmern sollen (vgl. Abb. 17). „Jung" deshalb, weil diese als private *Facebook*-Nutzer sich ja auskennen müssen. Dann spendiert man noch schnell ein Social-Media-Seminar und hat als Entscheider das Problem gelöst, sich mit dem Thema selbst beschäftigen zu müssen. Ist das wirklich eine kluge Lösung?

Erlauben Sie mir dazu drei kritische Anmerkungen:

- Privat bloggen hat nichts mit Unternehmensinhalten zu tun. Die Aufgabe, Unternehmensinhalte zu posten, unterscheidet sich von der privaten Nutzung einer sozialen Plattform massiv. Marketing, Kundenservice, Öffentlichkeitsarbeit, Branding und sogar Krisenmanagement sind Themen, die man auf seinem persönlichen *Facebook*- oder *Twitter*-Konto eher nicht lernt. Können Zwanzigjährige das?

- Wer *Facebook* versteht, der versteht auch Ihr Geschäft? Wer einem Zwanzigjährigen die Hoheit über die sozialen Medien übergibt, sollte sicher sein, dass er oder sie auch die Inhalte dessen versteht, was Sie kommunizieren wollen: Ihre Marktpositionierung, die Details Ihres Angebots, die Erwartungen Ihrer Kunden, um nur einige zu nennen. Im Bereich der klassischen Kommunikation wird jedes Wort und jeder Satz aus Prospekten oder Webseiten unendlich oft Korrektur gelesen und freigegeben. In sozialen Netzwerken ist diese Praxis unmöglich. Wie also stellen Sie sicher, dass die geposteten Inhalte auch wirklich das wiedergeben, was Sie für Ihre Marke erreichen wollen?

- Social Media Management kann ganz schnell zum Krisenmanagement werden. Social Media ist ein besonderes Medium – „real time" trifft die Anforderungen wohl am besten. Da kann es schnell passieren, dass in Stunden, manchmal sogar in Minuten, aus lustigen Posts eine Bashing-Kampagne – oder neudeutsch: ein Shitstorm – wird. Wer dieses Risiko als gering erachtet, dem sei nur ein Blick auf die Chefticket-Aktion der

Deutschen Bahn oder die *Farmer-Twitter-Kampagne*[62] des Unternehmens mit dem goldenen M empfohlen. Ich selbst hatte an einem völlig anders geplanten Freitagabend das Vergnügen, eine kleine lokale Aktion nicht in ein globales Markendesaster ausufern zu lassen. Um ein solches aufziehendes Unwetter abzuwenden, bleibt meist wenig Zeit, und der Akteur am Keyboard muss nicht nur schnell, sondern vor allem besonnen und vorausschauend agieren.

Möchten Sie immer noch einem Zwanzigjährigen die Pflege Ihrer *Facebook*-Seite überlassen?

Tipp 45

Facebook & Co. sollten Sie nicht eben mal von Studienabgängern pflegen lassen. Social-Media-Seiten eines Unternehmens gehören in die Hände erfahrener Kommunikatoren. Bedenken Sie, dass auf diesen Seiten mit deutlich weniger Kontrolle als bei jeder anderen Art Ihrer Öffentlichkeitsarbeit Inhalte veröffentlich werden und mit Kunden direkt kommuniziert wird.

Tipp 46

Haben Sie alle eigentlich Passwörter? Im Gegensatz zu allen anderen IT-Systemen werden Accounts in den sozialen Netzen immer von Einzelpersonen angelegt. Das gilt auch für Unternehmenskonten in fast allen Systemen. Ihr Mitarbeiter hat diese Passwörter ganz sicher – aber haben Sie sie auch? Und wie stellen Sie sicher, dass Sie z.B. nach dem Ausscheiden des Mitarbeiters weiterhin Zugang als Administrator Ihrer Unternehmenspräsenz haben? *Facebook* & Co. sind nicht besonders kooperativ, wenn z.B. Ihr Unternehmenskonto gelöscht wurde, Sie aber nicht einmal Zugangsdaten vorweisen können, um eine Wiederherstellung zu beantragen.

---

[62] Beides ist mit den entsprechenden Suchworten leicht online zu finden.

Von Rostlauben und anderen Schwierigkeiten der Kommunikation

Lassen Sie uns für einen Moment von des Deutschen angeblich liebstem Kind reden. Versetzen Sie sich dazu kurz einmal in die Rolle eines Marketingleiters bei einem – sagen wir – tibetischen Automobilhersteller, der ein weltweites Social-Media-Konzept aufbauen soll. Dieser Hersteller produziert Fahrzeuge ausschließlich in den beiden Farben Rot und Orange, die die dortigen Mönche bevorzugen. Der Umsatz dieses Herstellers ist weltweit leider sehr gering, was sich durch Ihre Aktivitäten nun ändern soll. Sie eröffnen nun also eine weltweite *Facebook*-Seite in Englisch und fangen an, täglich drei Posts über die wunderschönen rot-orangenen Fahrzeuge zu veröffentlichen. Leider ohne jeden Erfolg, denn diese reduzierte Auswahl war leider schon lange Thema spöttischer Kommentare in den einschlägigen Blogs. Nur wusste das bei Tibet-Car niemand.

Was wie ein arg theoretisches Konstrukt klingt, ist leider viel zu oft Realität. Da werden in Unternehmen – je nach Größe – fünf- bis siebenstellige Beträge für die Entwicklung und den Aufbau einer Seite auf den sozialen Plattformen investiert, ohne dass auch nur ein Bruchteil dieses Budgets für einen Vorabcheck und regelmäßiges Monitoring vorgesehen wird. Der Kollege aus dem tibetanischen Autohaus hätte vermutlich seine ganze Strategie geändert, wenn ihm das Farbproblem bewusst gewesen wäre.

Unternehmen, die – und seien Sie sicher, davon gibt es einige – posten, ohne gleichzeitig zuzuhören, erinnern mich irgendwie an Kinder, die sich bei Streitigkeiten beide Ohren zuhalten und gleichzeitig selbst laut reden. Dialog geht irgendwie anders.

Tipp 47

Investieren Sie mindestens Arbeitszeit, besser noch auch Budget, in regelmäßiges Monitoring. Nur so können Sie sicher sein, dass Sie mit Ihren Posts auch den Nerv Ihrer Zielgruppe treffen. Tools hierfür gibt es in allen Qualitäts- und Preisklassen, angefangen bei kostenlosen Tools wie beispielsweise SocialMention.com.

Da wir schon beim Zuhören in den sozialen Netzen sind, können wir eigentlich auch noch einen kurzen Abstecher zur Sprache machen. Es gibt – folgt man einschlägigen Webseiten – in der deutschen Sprache alleine 25 dokumentierte Synonyme für ein so handelsübliches Produkt wie das Auto:

Auto, Automobil, Cabrio, Abwrackkarre (ugs.), fahrbarer Schrotthaufen (ugs.), fahrbarer Untersatz, Fahrgerät, Fahrzeug, Karre (ugs.), Klapperkiste (ugs.), Nuckelpinne (ugs.), Personenkraftwagen, Personenwagen, PKW, Rostbeule (ugs.), Rostlaube (ugs.), Schleuder (ugs.), Schrottbüchse (ugs.), Schrotthaufen (ugs.), Schrottkarre (ugs.), Schrottkiste (ugs.), Schrottmühle (ugs.), Schüssel (ugs.), Wagen, Waren (ugs.: rheinisch).

Welche dieser Begriffe werden Menschen wohl verwenden, wenn sie sich im Internet über Autos unterhalten? Wenig überraschend, verwenden sie „Personenkraftwagen'" wohl eher nicht. Sie ahnen, worauf das hinausläuft: Menschen schreiben im Web selten perfektes Hochdeutsch. Wenn man also wissen möchte, was im Netz über die eigene Marke und das eigene Produkt geredet wird, dann geht das folglich eher nicht aus der Ferne. Wer im schwedischen, spanischen oder englischen Sprachraum mit Kunden kommunizieren möchte, sollte im obigen Beispiel also idealerweise mindestens alle Begriffe beherrschen, die man für „Auto" benutzen könnte. Genau deshalb kann ein Investment in soziale Netzwerke mit ein paar aushilfsweise arbeitenden Sprachstudenten in der europäischen Firmenzentrale oder dem *Google Translator* eher nicht erfolgreich werden.

Schwedische Thesaurus-Seiten werfen übrigens 16 Synonyme für Auto aus, spanische 18 und englische bieten sogar 33 Synonyme. Die Rostlaube und ähnliche Verballhornungen nicht einmal mitgerechnet ...

Tipp 48

Unterschätzen Sie auf keinen Fall den Faktor Sprache, wenn Sie sich entscheiden, im Bereich der sozialen Netzwerke aktiv zu werden oder Ihre existierende Präsenz auszubauen. Genauso wenig, wie Verbraucher Bedienungsanleitungen honorieren, die nicht in der eigenen Sprache abgefasst sind, werden sie auf *Facebook* & Co. fremdsprachige Posts lesen wollen.[63]

Nun könnten Sie einwerfen, dass es eines enormen Aufwandes bedarf, würde man wirklich für jede Sprache gut ausgebildete Marketeers zur Pflege und Entwicklung der Unternehmensaccounts in *Twitter, Google plus* oder *Facebook* einsetzen. Dem kann ich nur zustimmen.

Wenn Sie mir bis hierhin gefolgt sind, was die Notwendigkeit qualitativ hochwertiger Betreuung Ihrer Seiten – in Landessprache – betrifft, dann ist die zwangsläufige Konsequenz ein möglicherweise deutlich höheres Budget. Die Frage lautet also: Was kostet der Spaß und was ist der Gegenwert, den Sie dafür bekommen?

Tipp 49

An die Sinnhaftigkeit von Aktivitäten in sozialen Netzwerken sollten Sie die gleichen Maßstäbe anlegen wie bei jeder Anzeige, jedem Messestand oder jedem Newsletter. In die Kosten müssen alle Aufwände, auch interne Personalkosten, eingerechnet werden.

Tipp 50

Wichtiger ist noch, auch die Kennzahlen, an denen Erfolg gemessen werden soll, genau zu prüfen. Stimmt das Verhältnis der Likes einer Seite zu Kontaktzahlen, die das Unternehmen in anderen Bereichen wie Kundenservice oder Hotline hat, und verhalten sich auch die Kosten entsprechend? Bedenken Sie unbedingt auch, dass Likes nicht für Stammkunden, Fans oder Ambassadors stehen, sondern nur dafür, dass der Nutzer ein einziges Mal einen Haken gesetzt hat. Nicht Likes, sondern nur aktive Leser dürfen Sie in Ihre Rentabilitätsrechnung einbeziehen!

---

[63] Eine Ausnahme bilden natürlich viele B2B-Themen.

Think global - act ...?

Das im letzten Absatz erkannte Budget-Problem gilt natürlich für alle Bereiche des europäischen Marketings. Sobald eine Aktion in verschiedene Sprachräume übertragen werden soll, steht man schnell vor der Frage, lokal, kooperativ oder zentral an die notwendigen Lokalisierungen heranzugehen.

Persönlich kenne ich nur wenige Unternehmen, die sich für einen der drei Wege entscheiden und dies auch langfristig durchhalten. Das liegt zum einen daran, dass keine der drei Methoden ideal ist – jede hat immer irgendwie auch eine Kehrseite:

- Zentrale Lokalisierungen sind der günstigste Weg, werden aber leicht – und gern – von lokalen Niederlassungen als unwirksam klassifiziert, weil sie sich eben nicht den Mentalitäten, dem Humor oder dem Kleidungsstil[64] des jeweiligen Landes anpassen.

- Der dezentrale Weg – die Unternehmensfilialen in den Ländern kümmern sich selbst um die lokalen Adaptionen – schafft zwar mehr Zufriedenheit in den Vertriebsgesellschaften, ist aber mit großem Abstand der teuerste.

- Die kooperative Lösung schließlich, also die zentrale Produktion mit enger Abstimmung der Inhalte zwischen Zentrale und Landesniederlassung, ist zwar günstig, kostet aber in der Regel viel Kraft bei allen Beteiligten. Kompromisse schließen ist schließlich eine Kunst.

Zum anderen liegt die fehlende Stabilität solcher Prozesse aber auch am zum-Erfolg-verdammten Management. Laut einer regelmäßig veröffentlichten Studie[65] des Beratungsunternehmens „stragegy&" haben Unternehmenschefs nämlich eine Halbwertszeit[66] von nur etwa vier Jahren: Nach Ablauf

---

[64] Fotomotive mit falschem Kleidungsstil wirken fremd.
[65] www.strategyand.pwc.com/global/home/what-we-think/chief-executive-study/2013-ces-interactive. Zugegriffen: 1. Oktober 2014
[66] Ein Begriff aus der Physik: Nach welcher Zeit ist die Hälfte eines radioaktiven Stoffes zerfallen?

dieser Zeit sind die Hälfte aller CEOs der 2.500 untersuchten globalen Top-Unternehmen schon nicht mehr am Ruder.

Und mal im Ernst, was dann folgt, kennt jeder von uns doch aus eigenem Erleben: Der neue Besen kehrt gut – und am liebsten hinaus. Alle führenden Mitarbeiter, die nicht kompatibel sind, werden nach und nach durch das eigene Team ausgetauscht. Und mit dem Team geht auch die eine oder andere Strategie, die sich scheinbar als Misserfolg herausgestellt hat. Lag gestern der Fokus noch auf der Orientierung an den Landesorganisationen, ist der neue CEO vielleicht als Headquarter-Vertreter ein Fan der kosteneffektiven Zentralsteuerung.

So sehr dieser letzte Gedanke aus Budgetüberlegungen heraus reizvoll erscheinen mag, gerade im Marketing ist er eher schädlich. Marketing wird schließlich für Menschen gemacht. Menschen, die ganz sicher in Oslo einen anderen kulturellen Hintergrund haben als in Lissabon oder Bukarest.

Ohne Frage ist es sinnvoll, operativ alle Möglichkeiten zur Effizienzsteigerung zu nutzen. Ebenso ist eine starke Markenführung nur möglich, wenn es einen zentralen Gedanken gibt, der allen Maßnahmen zugrunde liegt. Aber muss der italienische Kollege wirklich die in Deutschland oder UK entwickelte Headline eins zu eins übersetzen, obwohl das Wortspiel des Originals sich im Italienischen gar nicht ausdrücken lässt? Macht es wirklich Sinn, in Abstimmungsrunden die strikte Einhaltung aller Vorgaben zu prüfen und dabei den ganzen Kostenvorteil des zentralen Arbeitens durch aufwändige Kontrollprozesse Ihres internationalen Agenturnetzwerkes wieder zu verschenken? Ist das wirklich zielführend?

Ein CEO, mit dem ich zusammengearbeitet habe, pflegte zu sagen: „Wenn du morgen in Japan arbeiten solltest, könntest du dort Marketing machen? Nicht? Siehst du! Und warum glaubst du dann, dass du von hier aus den Kollegen in Italien oder England vorgeben könntest, wie man dort gutes Marketing macht?" Ich fürchte, er hatte recht: Ich könnte definitiv nicht das Marketing eines Unternehmens in Japan steuern. Aber warum nur haben so wenige Europa-Manager diesen Gedanken?

Tipp 51

Wenn Sie viele Länder zentral mit Marketing-Material versorgen müssen, übergeben Sie die Kontrolle an Ihre dortigen Kollegen. Klar, können Sie die englische Webseite und vielleicht auch die französische Broschüre noch halbwegs kontrollieren. Aber spätestens bei Materialien für den Nahen Osten endet Ihre Fähigkeit, die Richtigkeit der Inhalte zu überprüfen. Und die Freiheit, die Ihr arabischer Kollege gezwungenermaßen hat, die sollten Sie auch Ihrem britischen Kollegen zubilligen.

Muss es immer perfekt sein?
Vom Fluch und Segen der PR

Wir bleiben noch beim Thema Lokalisierung, wechseln aber die Disziplin. Im Bereich der PR scheint das Geld dann doch weniger eine Rolle zu spielen. Jedenfalls berichten Unternehmen, die auf das Thema Sprachadapation in der Unternehmenskommunikation spezialisiert sind, von praktisch kaum vorhandenen Aufträgen aus diesem Bereich. Die befürchtete Qualität der Sprache sei das Haupthindernis.

Das wird stimmen. Ich habe nie häufiger über Textqualität diskutieren müssen als bei der Bewertung von Pressetexten. Deutlich mehr, als wir uns über die Inhalte der Pressemeldungen auseinandergesetzt haben. Das fand ich immer verwunderlich. Schließlich produziert man Pressemitteilungen doch zu allererst einmal für Journalisten, also für Menschen, die selbst ein kommerzielles Interesse daran haben, diese Informationen zu bekommen. Logischerweise kommt es dann also darauf an, dass der Inhalt der Meldung so interessant und spannend beschrieben ist, dass der Journalist die für ihn wichtige – und damit wertvolle – Information leicht erkennt. Gelingt das, wird er die Information verwerten und freut sich erst im zweiten Schritt darüber, wenn auch noch die Form der Pressemitteilung so ist, dass er alle Informationen zusammen hat, ohne weiter recherchieren zu müssen, und er womöglich auch die ein oder andere Formulierung des Textes übernehmen kann.

Aber: Ist der Inhalt der Meldung nicht spannend aufgebaut und zeigt der Journalist deshalb kein Interesse, dann hilft auch der sprachlich perfekteste Text nichts. Dem Pareto-Prinzip folgend sollten sich dann doch sinnvollerweise 80% der internen Diskussion auf den Inhalt richten statt auf die Form, richtig? Stattdessen sehen die meisten Pressemitteilungen noch immer aus wie Briefe an die ungeliebte Tante: „Mir geht es gut. Ich habe heute ... gemacht. Wie geht es Dir?" – Einleitung, Aufzählung der vermeintlich wichtigen Fakten, Abschluss.

Mit dem Produktmanager eines Kameraherstellers hatte ich vor kurzem allen Ernstes einen zweitägigen E-Mail-Disput darüber, ob man Fotos nun

„machen", „knipsen" oder „schießen" würde. Gut, sprachlich *kann* man darüber diskutieren, aber wäre die gleiche Energie angesichts von 128 neuen Kameras, die im Jahr 2013 vorgestellt wurden, nicht deutlich besser eingesetzt gewesen, dieses Produkt dem lesenden Journalisten sympathisch zu machen? Seien wir doch mal einen Moment ganz ehrlich: Kameras haben, wie die meisten Produkte, sehr ähnliche Spezifikationen, und die Unterschiede zwischen neuen Produkten sind so marginal, dass es einen Verbraucher kaum wirklich interessiert. Wie muss es dann wohl einem (Fach-) Journalisten gehen, der in 2013 also 128 Pressemitteilungen über neue Kameras erhalten hat? Alle zwei Tage eine, wenn man Wochenenden nicht mitzählt. Meinen wir tatsächlich, dass dieser arme Mann oder die arme Frau eine stilistisch perfekt geschriebene, aber inhaltlich totlangweilige Mitteilung honoriert?

Für einen Uhrenhersteller sollten wir vor einigen Jahren eine Digitaluhr vermarkten, die als besondere Funktion den Luftdruck anzeigen konnte. Das klingt heute, angesichts der letztes Jahr vorgestellten SmartWatches, nicht besonders prickelnd. Und genau das war es auch zum damaligen Zeitpunkt schon nicht. Was wäre wohl passiert, hätten wir uns auf die üblichen Textdiskussionen eingelassen? Vermutlich wenig. Stattdessen haben wir mit den Produktmanagern eine Diskussion über Inhalte angefangen und als Ergebnis den Schwerpunkt auf eine Geschichte gelegt, die wir zuallererst einmal über ein Foto erzählt haben: Die Uhr als „Wetterfrosch" in einem Glas mit Leiter (vgl. Abb. 18). Eine simple, nicht besonders aufwändige Idee, die aber die langweiligen technischen Daten in ein leicht fassbares Bild umsetzte.

Hätten wir die üblichen Spezifikationsmeldungen verbreitet, wäre dieses Produkt angesichts von Tausenden neuer Uhrenmodelle jährlich mit ziemlicher Sicherheit bitterlich untergegangen. So aber sind das Bild – und damit die Uhr – viele Jahre noch nach dem Launch regelmäßig in Zeitschriften aufgetaucht. Es war einfach ein sympathisches Motiv, das die Kollegen der Presse immer wieder gerne auf Themenseiten eingesetzt haben.

Abbildung 18   Frühes Storytelling: Ein technisches Produkt sympathisch vermarktet. Ausschnitt aus der „Neuen Post". (Quelle: Neue Post, Bauer Verlag, 16.4.1992)

Tipp 52

Diskutieren Sie bei Pressemeldungen über Inhalte. Finden Sie die Geschichte, die den Journalisten fasziniert. Erst wenn Sie die haben, sollten Sie über Text und Übersetzungen nachdenken. Ein Journalist lehnt gute Geschichten nicht ab, nur weil sie nicht perfekt übersetzt sind. Gute Übersetzungen schlechter Geschichten haben schlechtere Chancen.

Wenn Sie mir bis hierher gefolgt sind, ist mein nächster Schluss für Sie vermutlich leicht nachvollziehbar: Wenn nämlich der Inhalt so viel mehr wiegt als die perfekte Form, warum sollte man diese schöne Idee nicht effizient auch in anderen Märkten nutzen können? Mit dieser Logik eröffnet sich nämlich plötzlich eine dritte Option für PR-Unterlagen in anderen Sprachräumen. Neben der Fachadaption durch die lokale Niederlassung oder ein entsprechendes Agenturnetzwerk (perfekt, aber sehr teuer) und dem Versand der Mitteilungen in englischer Sprache (keine gute Idee – Journalisten, die durchweg gutes Englisch sprechen, finden Sie eher in England als Italien) können Sie nun auf genau die Methoden zur Effizienzsteigerung zurückgreifen, die auch in der klassischen Kommunikation funktionieren:

Tipp 53

Stimmt die Geschichte, die Sie in einer Pressemitteilung erzählen wollen, dann wird sie auch in einer professionell guten Übersetzung funktionieren. Und die kann man sehr viel günstiger erstellen lassen, wenn die Prozesse dazu stimmen.

Da wir nun hoffentlich einer Meinung sind, was die Notwendigkeit angeht, Journalisten von den eigenen Inhalten begeistern zu müssen, würde ich gerne noch eine Anekdote hinzufügen, die auf einer Vorführung eines mit mir befreundeten Kollegen der Presse beruht. Ich traf ihn in einer Flughafen-Lounge, wo er mir eine Pressemitteilung aus dem technischen Bereich zeigte und demonstrierte, wie dieses Unternehmen systematisch seinen Erfolg in der PR-Arbeit verhinderte.

Die Pressemitteilung war ein PDF-Dokument mit einem Link, unter dem man zu der Meldung zugehörige Bilder herunterladen sollte. Beim Anklicken öffnete sich das Presseportal des Unternehmens, das einen Pressezugang erforderte. Nach dem Suchen des Passwortes und dem Einloggen befand man sich auf einer Seite, die Bilder zum Download anbot – allerdings ohne Vorschaubild und nur mit einer kryptischen Bezeichnung. Die Bilder selbst waren nur als hochauflösende Bilder mit großem Dateivolumen verfügbar.

„Da sitze ich hier mit einem nicht besonders schnellen Internetzugang und will einen Artikel schreiben. Das Dateiformat des Textes kann ich nicht sofort bearbeiten, für eine öffentliche Information wie Bilder soll ich mich erst bei denen einloggen und dann muss ich jedes Bild hochauflösend herunterladen, um danach erst zu wissen, ob ich es überhaupt gebrauchen kann. Das macht doch einfach keinen Spaß!" Sprach's und klappte den Laptop demonstrativ zu.

Tipp 54

Journalisten sind Ihre Kunden. Machen Sie den Kollegen das Arbeiten so angenehm wie möglich:

- Pressemitteilungen sollten im Format MS Word versendet werden. Das macht das Weiterverarbeiten einfacher und die Chance, dass Ihre Mitteilung gedruckt wird, erhöht sich.

- Wenn Bildmaterial zu groß ist, um mitgesendet zu werden, legen Sie es mit einem offenen Link auf Ihre Webseite. Passwörter für ansonsten öffentliche Information machen einfach keinen Sinn und blockieren die Journalisten, die noch keinen Zugang haben oder sich gerade nicht an ihr Passwort erinnern.

- Es ist wunderschön, wenn Sie viel Bildmaterial anbieten, das erhöht die Chancen auf Abdruck deutlich. Aber stellen Sie das Material so zur Verfügung, dass man nur herunterladen muss, was man haben will. Vorschaubilder sind unbedingt ein Muss!

- Beenden Sie jede Pressemitteilung mit einer kurzen Beschreibung Ihres Unternehmens bzw. Ihrer Marke. So erspart sich der Journalist, wieder selbst nach diesen Informationen suchen zu müssen.

- Geben Sie eine Kontakttelefonnummer an, die auch immer bedient wird. Freizeichen und Anrufbeantworter sind die größten Erfolgsverhinderer in der Zusammenarbeit mit Journalisten.

PR-Arbeit ist natürlich deutlich vielschichtiger und besteht keineswegs nur aus Pressemitteilungen. Ein intelligent aufgebauter und gepflegter Presseverteiler gehört ebenso dazu wie die wirkliche Kontaktpflege. Dennoch, wer Fehler im diesem „Handwerk" der Presseerklärungen vermeidet, erhöht die Chancen, abgedruckt zu werden, sicher ganz enorm.

Ohne den Anspruch auf eine vollständige Analyse des Bereiches PR erheben zu wollen, gibt es aber doch noch eine Sache, die mich regelmäßig irritiert: Pressekonferenzen. Irgendwo scheint es da ein Handbuch zu geben, in dem ein Standardaufbau für solche Events festgeschrieben ist: Zwei bis fünf wichtige Menschen sitzen etwas erhöht vor einer großen Gruppe von Stühlen im Schulklassen-Design. Der Projektor und die dazugehörige Leinwand runden das Bild ab. Das Ganze findet statt in (a) dem Konferenzraum des Unternehmens, (b) einem angemieteten Raum im nächsten Viersterne-Hotel oder (c) einer alten Brauerei mit einem total coolen Kellergewölbe, das man anmieten kann.

Auch für den Ablauf gibt es offenbar unabänderliche Regeln: Der Vorstellung des Unternehmens folgen wichtige Kennzahlen wie z.B. Rendite oder Umsatzwachstum. Die heute (leider noch überschaubare) Marktposition wird dann sofort mit der Prognose des angepeilten zukünftigen Marktanteils (überraschenderweise grundsätzlich mehr als heute – „wir werden Nummer drei im Markt in fünf Jahren") aufgewertet. Ach ja, und ganz zum Schluss folgen dann kurz noch die neuen Produkte.

Da fällt es eigentlich nicht schwer, sich vorzustellen, wie es einem Journalisten geht, der angesichts der jährlich stattfindenden wichtigsten Messe seiner Branche 20 solcher Pressekonferenzen in vier Tagen absolvieren muss, oder? Haben Sie Erbarmen – Journalisten sind doch auch nur Menschen!

Tipp 55

Natürlich gibt es ein paar Standards, die auch Journalisten sehen wollen. Und, seien wir ehrlich, es gibt auch innere Zwänge, die dem CEO einfach immer einen Platz auf dem Podium garantieren. Aber abgesehen davon sollten Pressekonferenzen als das verstanden werden, was sie sind: eine Chance, sich und das Angebot einer sehr interessierten Gruppe von Multiplikatoren sympathisch zu präsentieren. Sympathie aber erwächst niemals aus Daten und Standards, sondern aus der emotionalen Geschichte, die Sie über sich und Ihr Unternehmen erzählen. Sogar auf der Bilanz-Pressekonferenz! Lassen Sie Journalisten Ihr Angebot und Ihre Aussage „erleben".

Eigene Rechte und das Fremdbild

Eine – natürlich – völlig theoretische Situation: Donnerstagnachmittag klingelt in der Marketingabteilung das Telefon. Eine Dame fragt bei der Praktikantin, die den Anruf entgegengenommen hat, nach dem Namen des Verantwortlichen der Abteilung, bedankt sich höflich für die Auskunft und legt auf. 24 Stunden später findet sich ein Einschreiben eines Anwalts auf dem Schreibtischen ein, dem ein Bild beiliegt. Der Anwalt bittet höflich, aber bestimmt um präzise Auskunft, wo und seit wann das Unternehmen das beilegende Foto, das der von ihm vertretene Fotograf erstellt habe, denn für kommerzielle Zwecke einsetze. Diese Frage löst am Freitagnachmittag eine mittlere Panik aus, denn tatsächlich kann diese Frage niemand wirklich beantworten.

Der Marketingleiter nicht, denn das Bild hat er zwar auf der eigenen Webseite schon einmal gesehen, aber die wurde ja noch von seinem Vor-Vorgänger mit der vorletzten Agentur aufgesetzt.

Die Mitarbeiter im Marketing nicht, weil die Webseite damals in der Verantwortung der Niederlassung in Castrop-Rauxel erstellt wurde, die aber vor fünf Jahren aufgelöst wurde. Ja, die Akten der Niederlassung sind zwar sorgfältig archiviert worden, aber die Logik der Ordnerarchivierung kennt natürlich keiner.

Die Agentur nicht, weil diese als erfolgreiche Internetagentur inzwischen zweimal von jeweils größeren Netzwerken gekauft worden ist und bis auf den Firmensitz nichts mehr mit der Agentur der frühen 2000er zu tun hat.

Eigentlich sind sich ja alle sicher, dass man die Rechte für das Bild gekauft hätte. Ganz sicher, sogar. Aber Unterlagen dazu – nein, die gibt es wohl nicht mehr.

Dies ist der große Moment des Anwalts. Ohne Nachweis, für welche Zwecke, welche Länder und welche Zeit es diese Rechte mal gab, darf der nun „Wünsch dir was" spielen. Wünsch-Dir-eine-Schadensersatzsumme nämlich.

Die Variationen über dieses Thema sind vielfältig – je komplexer die Organisationsstruktur ist, desto mehr Optionen gibt es: Die Niederlassung in Timbuktu benutzt Bildmaterial für Anzeigen, das die Europäische Zentrale als PR-Bilder eingekauft hat. Oder die Abteilung „Kaffeemaschinen" lässt Produktbilder erstellen, für die der Fotograf im ganz Kleingedruckten ein Jahr Nutzungsrecht einräumt, während die Maschinen selbst fünf Jahre im Handel sein werden. Oder das australische Headquarter ist geradezu begeistert von der neuen Verpackung der Europäer und übernimmt diese – nach einer unautorisierten Freigabe durch einen Junior-PM der Muttergesellschaft in den USA.

Diese Aufzählung kann man praktisch endlos weiterspinnen, fürchte ich. Nun ist das Thema Bildrechte kein wirklich neues. Und so könnten Sie sich fragen, was mich dazu bringt, diesem Thema ein ganzes Kapitel zu widmen. Aber tatsächlich hat sich etwas geändert.

Bitte fahren Sie doch einmal Ihren Laptop hoch, öffnen *Google* und klicken sich auf die BILDER-Seite. Und nun suchen Sie sich zu einem beliebigen Thema bitte ein Bild heraus (ich nehme immer gerne den Suchbegriff „James Bond Auto"). Nun ziehen Sie bitte ein beliebiges Foto des Suchergebnisses oben in das Suchfeld mit dem kleinen Kamera-Symbol (bei Vorträgen wähle ich dazu gerne den klassischen Austin Martin vor einem Grauverlauf). Als Ergebnis erhalten Sie die Seite *Google*-Bildersuche, an deren oberem Ende Sie jetzt das von Ihnen gesuchte Bild finden. Ein Klick auf „alle Größen" zeigt Ihnen jede Fundstelle dieses Bildes im Internet. Und etwas weiter unten finden Sie unter der Rubrik „optisch ähnliche Bilder" sogar alle Bilder aus der Serie.

Wenn Sie diese kleine Übung selbst gemacht haben, werden Sie sofort nachvollziehen können, was sich in den letzten Jahren verändert hat – und sich noch mehr verändern wird: Seit *Google* und seine Wettbewerber die Bilderkennung in die Suchmaschinen halbwegs integriert haben, kann wirklich jeder jedes Bild im Internet wiederfinden, wenn die bots[67], die kleinen Helferlein von *Google*, es erst einmal gesehen haben.

Seit kurzem gilt das zudem nicht mehr nur für das Aufspüren von Bildern, die man mit anderen Fotos im Netz vergleicht – auch Bilder auf der eigenen

---

[67] „Bots" (auch „crawler") sind kleine, sich selbst steuernde Suchprogramme, die *Google* massenhaft durchs Netz schickt.

Festplatte lassen sich inzwischen mit dem gesamten bekannten Internet abgleichen.

Als Beispiel habe ich ein Portraitfoto genommen, das ich für Vortragsankündigungen verwende. Dieses Bild habe ich aus dem Dateimanager auf die *Google*-Bildersuchseite und da auf das Suchfeld mit der kleinen Kamera gezogen und erhalte die in Abbildung 19 dargestellte Anzeige.

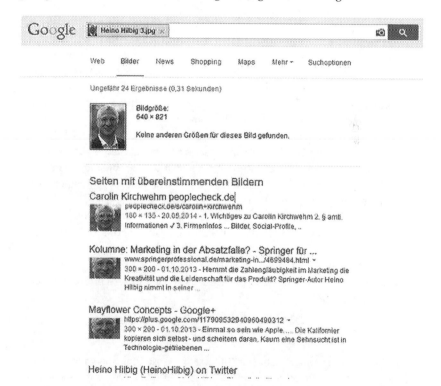

Abbildung 19   *Google* findet jedes beliebige Bild in Sekundenschnelle (Quelle: Heino Hilbig/Google)

In 0,31 Sekunden hat *Google* zu dem Bild auf meiner Festplatte 24 Seiten ausgegeben, die dieses Foto einsetzen.

Und hier beginnt das Problem: Denn während die Verwendung eines Bildes außerhalb der vereinbarten Rechte früher selten zu echten Konsequenzen geführt hat – man hatte ja kaum eine Möglichkeit, diese Motive zu finden –, ist nun jedes Foto ohne Aufwand und vor allem für jeden auffindbar. Wer als Unternehmen hier nicht einwandfrei nachweisen kann, die Rechte für die Nutzung irgendwann einmal gekauft zu haben, läuft also Gefahr, an Freitagnachmittagen vermehrt unfreundliche Einschreiben von freundlichen Anwälten entgegennehmen zu müssen.

Tipp 56

Die Höhe der Kosten, die Ihnen für die rückwirkend geltend gemachten Nutzungshonorare sowie ggf. Abmahnungen entstehen, ist unabhängig davon, ob einer Ihrer Mitarbeiter ein Foto versehentlich, fahrlässig oder sogar voll bewusst ohne die notwendigen Rechte eingesetzt hat. Je mehr Sie urheberrechtlich geschütztes Material einsetzten, desto größer wird die Gefahr. Reduzieren können Sie dieses Risiko nur durch den Einsatz einer vernünftigen, auf die Struktur Ihres Unternehmens angepassten Bilddatenbank. Solche Datenbanken gibt es in allen Varianten – für jede Unternehmensgröße und jedes Budget passend. Damit lassen sich nicht nur alle Medien, also Bilder, Videos, Druckunterlagen, Logos etc. für Mitarbeiter leicht auffindbar abspeichern, sondern auch die notwendigen „Metadaten" wie Herkunft, eingekaufte Nutzungsrechte etc. bereitstellen. Verglichen mit anderer Unternehmenssoftware sind solche Datenbanken sogar überraschend günstig – in der Regel günstiger als eine einzige Abmahnung mit nachfolgender Schadensersatzzahlung.

Tipp 57

Übrigens findet *Google* nicht nur Bilder auf Webseiten. Auch alle öffentlich zugänglichen Dokumente wie PDFs, Präsentationen etc. durchsuchen die Crawler.[68] Sogar Bilder, auf denen das Motiv nur als Teil erkennbar ist (z.B. das Foto eines Citylight-Posters, auf dem das gesuchte Bild erkennbar ist),

---

[68] „Crawler" (auch „bots") sind kleine, sich selbst steuernde Suchprogramme, die *Google* massenhaft durchs Netz schickt.

finden die Suchmaschinen. Deshalb sollten Sie sicher sein, dass Ihre Mitarbeiter beispielsweise auch in öffentlichen Vorträgen nur lizensierte Bilder einsetzen.

Nicht schön, aber effizient!

Ich hätte da mal eine Frage: Stellen Sie sich bitte vor, der nächste Supermarkt läge nur etwa zehn Gehminuten von Ihrem Zuhause entfernt. Wie würden Sie dort einkaufen? Würden Sie dorthin gehen, mit dem Fahrrad dorthin fahren oder Ihr Auto anlassen? Nun, ich bin sicher, dass die meisten von Ihnen „zu Fuß" geantwortet haben, richtig? Aber ist das wirklich immer so?

Wenn Sie beispielsweise Gäste erwarten, wenig Zeit haben und für das vorbereitete Essen fehlt nur eine kleine Zutat, nutzen Sie vermutlich das Fahrrad. Haben Sie aber vor, für die Party zehn Kisten Getränke zu kaufen, werden Sie das Auto nehmen. Die Frage, welcher Arbeitsablauf der richtige ist, richtet sich also nicht nur nach organisatorischen Aspekten (Distanz zum Supermarkt), sondern auch nach den Zielen (Was will ich kaufen?) und dem Volumen, mit dem Sie es zu tun haben. Insbesondere wird an diesem Beispiel deutlich, dass Sie Ihre Prozessabläufe praktisch immer daraufhin überprüfen, ob diese, gemessen an den Zielen, jeweils die Richtigen sind.

Bei Marketingprozessen ist das überraschenderweise selten der Fall: Wenn es Anpassungen der Abläufe gibt, dann meist aufgrund ökonomischer Vorgaben: Wir müssen unser Budget jetzt um X% bzw. unsere Organisation um einen/zwei/drei Mitarbeiter reduzieren – was müssen wir dafür ändern? Als Ergebnis erzeugt man Prozesse, die zwar „den Job tun" – aber ob es sich dabei um die beste Lösung handelt, ist bei einem solch reaktiven Vorgehen natürlich keineswegs sichergestellt.

Dabei wäre ein White-Paper-Ansatz[69] – also eine Neuplanung – eigentlich gerade im Marketing überaus sinnvoll, denn kaum ein Unternehmensbereich hat sich in den vergangenen Jahren mehr verändert:

- In den 90ern erschien mit dem Internet ein komplett neues Medium mit eigenen, nicht aus anderen Disziplinen ableitbaren Regeln.

- Um die Jahrtausendwende forcierten insbesondere die Umsetzung des Schengener Abkommens (Schengen II, 1995) sowie die Einführung des

---

[69] Im Deutschen sprechen wir von „etwas auf der grünen Wiese neu planen".

Euro (seit 1998 als Verrechnungseinheit) die Europäisierung – und damit die Möglichkeit einer Zentralisierung der Marketingkommunikation.

■ Hatten früher nur wenige, auf Direktmarketing spezialisierte Unternehmen direkten Kontakt mit Endkunden, haben vor etwa zehn Jahren E-Mail-Marketing und die sozialen Netzwerke den unmittelbaren Kundendialog praktisch schon zur Pflicht gemacht.

■ War der Verkauf an Endkunden (und damit die direkte Konkurrenz zum Handel) von Marken in den meisten Branchen noch bis vor zehn Jahren ein Tabu, gehört der eigene E-Commerce-Shop heute zu den Standard tools.

■ Elektronische Medien gehören für die meisten Verbraucher heute zum selbstverständlichen Standard. Dies hat gerade in technischen Bereichen die Erwartungshaltung der Menschen im Hinblick auf Reaktionszeiten und Service-Angebote wie Hotlines, Download-Angebote oder in Form von Bedienungsanleitungen deutlich erhöht.

Aber Hand aufs Herz: Welches Unternehmen hat wirklich in den vergangenen 15 Jahren seine Marketingstrukturen regelmäßig überprüft und den neuen Gegebenheiten angepasst?

Ich selbst habe gute Erfahrungen damit gemacht. Sie glauben nicht, was Sie alles zutage fördern werden, wenn Sie nicht nur einmalig, sondern regelmäßig, als laufenden Prozess, Ihre Methoden und Arbeitsweisen im Marketing überprüfen. Werfen Sie beispielsweise nur einmal einen Blick in Ihre Bedienungsanleitungen: Wie viel des dort enthaltenen Textes braucht Ihr Kunde wirklich? Und ich meine wirklich „wirklich"! Wenn Sie alle Floskeln, alle Elementarerklärungen („Was ist eine AA-Batterie?") und alle Warnmeldungen weglassen, die schon immer in den Anleitungen waren, ohne dass jemand sagen könnte, weshalb („Never expose this product to water or moisture including rain, sea water and animal urine"[70]) – was bleibt dann übrig?

Prozessoptimierungen sind gerade im Marketing nicht wirklich sehr beliebt. Das verstehe ich sofort. Verglichen mit den kreativen Themen, mit denen

---

[70] Ein gerne zitierter Satz aus der Anleitung eines Fotoblitzes.

man sich als Agentur oder Marketingabteilung eines Unternehmens normalerweise umgibt, klingt allein der Begriff selbst schon spröde und langweilig.

Aber – es lohnt sich! Mit Maßnahmen wie diesen (und anderen mehr) haben
wir die Kosten für europäische Bedienungsanleitungen einer Marke im
Bereich technischer Konsumgüter um etwa drei Millionen Euro reduzieren
können – jährlich, wohlgemerkt! Das entsprach etwa 10% des regulären
Kommunikationsbudgets – und damit hatten wir dieses um genau diesen
Betrag gesteigert.

Wie lange müssen Sie mit Ihrem Board über eine entsprechende Anpassung
diskutieren?

Tipp 58

Mit der technologischen Erneuerung und dem Fall der Handelshindernisse
sind insbesondere auch die Methoden deutlich besser geworden, mit denen
Sie komplexe Marketingprojekte steuern und umsetzen können. Lokalisierungsprozesse (also die Umsetzung von Marketingmaterial in die verschiedenen Sprachen) und dazugehörige Abstimmungsprozesse vieler Stakeholder
in der Produktion lassen sich heute viel leichter umsetzen. Ich habe gute
Erfahrungen damit gemacht, einem Mitarbeiter die Zeit einzuräumen, sich
kontinuierlich um das Hinterfragen und Verbessern von Prozessen – auch ab-
teilungsübergreifend – zu kümmern. Dies ist deutlich erfolgreicher, als die
üblichen Kaizen-Anstrengungen[71] oder das innerbetriebliche Vorschlagswe-
sen. Das Wichtigste aber ist: Überprüfen Sie Ihre Marketingprozesse gezielt!
Es lohnt sich!

---

[71] „Kai-zen" steht im Japanischen für die Philosophie der kontinuierlichen Verbesserung. Dieses Prinzip war die Grundlage für Qualitätsmanagementsysteme nach ISO
9001.

Kapitel 5 - Zum Schluss

Ich liebe Marketing! Ganz ehrlich! Ich kann mir keine Unternehmensfunktion vorstellen, in der ich lieber arbeiten würde. Das musste ich unbedingt einmal sagen, bevor ich mit diesem Kapitel fortfahre. Denn: Vorträge zu diesem Thema habe ich in der Vergangenheit gerne mit folgender Aussage eröffnet:

„Marketing ist selbstverliebt, unehrlich und unwirksam."

Selbstverliebt, weil es keine andere Disziplin in der Wirtschaft gibt, die sich so hemmungslos selbst Preise verleiht und feiert – und dabei gleichzeitig von jeder Selbstkritik befreit ist. Oder haben Sie schon einmal einen methodenkritischen Artikel in einer der Fachzeitschriften gefunden? Oder entsprechende Bücher bei Amazon? Wie sieht es mit entsprechenden Kursen an Universitäten aus?

Unehrlich, weil wir weiter um Kreativpreise, Markenbewertungssysteme oder unwirkliche Reichweitenangaben herumtanzen wie um das goldene Kalb, obgleich viele von uns doch wissen, wie viel mehr Schein als Sein dahinter steckt. Hierbei schließe ich mich selbst übrigens keineswegs aus!

Unwirksam, weil all das, was die Marketingmodelle und -methoden versprechen, bis heute nicht eingetreten ist: Oder können Sie mit einem einzigen dieser Tools die Wirksamkeit einer Kampagne vorhersagen oder garantieren?

Das klingt ein wenig hart? Aber lassen Sie uns kurz mal überlegen: Wenn es tatsächlich ein wirksames Werkzeug im Marketing gäbe, dann müsste dieses wie ein naturwissenschaftliches Gesetz zuverlässig – oder wenigstens sehr häufig – erlauben, die Zukunft vorherzusagen. Ein Apfel, den man aus zwei Meter Höhe loslässt, fällt mit einer genau berechenbaren Geschwindigkeit solange senkrecht nach unten, bis er auf Widerstand trifft. Immer!

Übertragen auf Marketingmodelle hieße dies, eine bestimmte Maßnahme – bzw. viele kombinierte Maßnahmen – müsste zuverlässig dazu führen, dass eine vorher berechenbare Zahl von Interessenten auf das Angebot aufmerksam wird und es kaufen wird. Immer! Ein Wunschtraum für jeden Marketeer ...

Ich denke, Sie werden mir zustimmen, dass wir – verglichen mit dieser Utopie – mit allen Medienanalysen, Markenbewertungssystemen und psychologischen Zielgruppenkonzepten noch arg im Nebel herumstochern. Mal etwas blinder, mal etwas einäugiger.

Aber lassen Sie uns doch einmal gemeinsam überlegen, was geschehen würde, wenn irgendeine Agentur, eine Universität oder ein Marktforschungsinstitut plötzlich eine neue Methode entwickelte, die genau diese Aufgabe erledigt? Wie lange würde es wohl dauern, bis *Coca-Cola* oder *Mercedes* diese Methode aufgreifen, wenn *Pepsi Cola* und *BMW* sie nachweislich erfolgreich einsetzen?

2025 – eine Schreckensvision für das Marketing

Gerade in Wettbewerbsumgebungen geht es bei der Konzeption von Marketingmaßnahmen ja darum, den eigenen Anteil am Markt auf Kosten der Wettbewerber zu erhöhen. Eine „gute" Kampagne erhöht theoretisch die Chance hierzu. Was täte dann aber eine „perfekte" Kampagne, die über ein „perfektes" Marketing-Tool sicheren Umsatz garantiert? Logisch betrachtet, müsste es einem Unternehmen einen unerhörten Wettbewerbsvorsprung verschaffen, nicht wahr?

Tja, aber nur solange, bis der oder die Wettbewerber das Tool ebenfalls einsetzen und somit wieder Waffengleichheit herrscht. Das wäre ungefähr so, als ob ein Sportwissenschaftler eine legale Methode gefunden hätte, mit der jeder halbwegs guten Sprinter im 100-Meter-Lauf eine Zeit von deutlich unter zehn Sekunden erreichen könnte. Der erste Athlet, der mit dieser Methode trainiert, wird damit jedes Rennen gewinnen – bis die anderen sieben Läufer ebenfalls nach dieser Methode trainieren. Spinnen wir noch ein wenig weiter: Die Trainingsmethode macht alle Athleten gleich schnell. Was würde dann mit der Sportart „100-Meter-Lauf" passieren? Würden Sie auch nur eine Eintrittskarte für die nächsten Olympischen Spiele kaufen? Wohl kaum, oder?

Stellen Sie sich das doch einmal übertragen auf das Marketing vor!

2029: Pete Uster lief die Londoner Regent Street hinunter – alle paar Meter stehen bleibend, um eines der Schaufenster der vielen leer stehenden Geschäfte mit dem Plakat zu bekleben. Er dachte zurück an die Zeit vor 15 Jahren, als er häufig den gleichen Weg nachts genommen hatte, um mit seinen Freunden irgendwo in Soho die Abende lautstark und heftig zu beschließen. Kurz vor dem Ende der Straße am Piccadilly Square wich er einem Autowrack aus, das dort schon seit zwei Monaten herumstand. Wie hatte sich diese Gegend seit 2015 nur so verändern können?

Pete seufzte. Die Aktion heute war nichts weniger als so etwas wie ein letzter Versuch, die Welt, wie er sie früher kannte, zu retten. War das zu dramatisch? Pete sah sich um: Nein, so wie London heute aussah – und wie fast alle großen Metropolen heute aussahen – war diese Einschätzung sicher nicht übertrieben.

Er dachte zurück an das Jahr 2015, als er hier inmitten der pulsierenden Stadt seine ersten Schritte als Grafikdesigner in einem internationalen Agentur-Netzwerk getan hatte. In einer Fachzeitschrift las er das erste Mal von diesem neuen Kundenmodell einer holländischen Universität. Einem genialen Team von Psychologen aus Groningen war es gelungen, das Kaufentscheidungsverhalten von Verbrauchern ziemlich sicher vorherzusagen. Hieraus war eine Typologisierung entstanden, mit der fast 90 % aller Menschen zutreffend und zuverlässig beschrieben werden konnten. Schon ein Jahr später war das System dann in den internationalen Planungssystemen der Mediaagenturen integriert und weitere zwei Jahre später gab es die ersten verlässlichen Systeme, um die kreativen Prozesse Text, Gestaltung und den Media-Mix damit steuern zu können.

Vorsichtig sich umsehend bog Pete in den stockdunklen Piccadilly Circus ein. Trotz des frühen Abends war niemand mehr auf den Straßen. Tagsüber gab es hier zwar noch einigen Verkehr, aber um diese Zeit musste man sich schon vorsehen.

Sein Blick fiel auf die heruntergekommenen Häuser, und er entdeckte die zerbrochene Leuchtwerbung der englischen Firma, die er damals betreut hatte. Sie hatten ihrem Kunden, einer neuen Social-Media-Plattform, geraten, konsequenter auf das neue System aus Groningen zu setzen, als dies irgendein anderes Unternehmen bislang getan hatte. Der Erfolg war wirklich verblüffend. Ohne Streuverluste und mit einem perfekten Media-Mix sowie einer zielgruppengerechten idealen Ansprache gelang es dem Unternehmen in nur drei Jahren, *Facebook* vom Markt zu verdrängen und die eigene Plattform zum führenden Social-Media-System zu machen.

Aufgeschreckt von diesem Erfolg übernahmen praktisch alle Marken weltweit das Groninger System oder eine Abwandlung davon für ihr eigenes Marketing – nur um dann festzustellen, dass es nun praktisch keinen Marktvorsprung durch cleveres Marketing mehr gab. In den Jahren um 2020 eroberten so eine Vielzahl unbekannter Unternehmen relevante Marktanteile und spielten plötzlich mit großen Konzernen auf Augenhöhe. Die Karten waren neu gemischt.

Pete dachte an all die Menschen, die vermutlich jetzt genau wie er im Untergrund Plakate klebten oder Prospekte verteilten. Irgendwie war das eine genauso überraschende Nacht-und-Nebel-Aktion wie die Kampagne, die die großen Konzerne weltweit Anfang dieses Jahrzehnts ins Laufen gebracht hatten.

Nachdem man in den Konzernzentralen entdeckt hatte, dass in dieser Pattsituation nur noch echte Produktvorteile Kaufentscheidungen wirklich beeinflussen konnten, wuchs dort die Erkenntnis, dass der Vorteil der größeren finanziellen Ressourcen besser in Produktentwicklung als in zusätzliche Mediagelder investiert werden müsste, um die Marktanteile langfristig sichern zu können.

Dazu mussten Werbung und Kommunikation aber auch für die kleineren Angreifer unattraktiv werden – und so entstand die „better product"-Kampagne, der sich sehr schnell alle großen Konzerne weltweit anschlossen. Die Initiatoren schlugen vor, den Verbrauchern die nunmehr sinnlosen Investitionen in Marketing zugutekommen zu lassen, indem man Preise senkte oder eingesparte Gelder in Produktverbesserungen umsetzte. Fast schneller als irgendeine Reaktion auf die legendäre Finanzkrise 2009 wurde diese Initiative aufgegriffen und weltweit von den Parlamenten in Gesetze umgewandelt.

Den Anfang machte die Europäische Union mit dem so genannten „no spam act", der vorsah, das Unternehmen zukünftig nur noch passiv mit Verbrauchern kommunizieren dürften. Dies bedeutete, dass Unternehmen weiterhin Prospekte, Webseiten oder Produktinformationen bereitstellen, aber Verbraucher eben nicht mehr aktiv durch Werbung, Newsletter oder POS auf die eigenen Produkte aufmerksam machen durften. Nachdem die USA und Japan dieses Gesetz fast wortgleich übernommen hatten, war der Globus in kürzester Frist werbefrei.

Als erstes traf es die Medien. Nach der Übergangsfrist mussten die Zeitschriften ihre Verkaufspreise drastisch erhöhen, um den Wegfall der Inserate zu kompensieren. Gerade in den Print-Hochburgen Japan und Deutschland setzte daraufhin ein massenhaftes Zeitschriften-Sterben ein, das der damalige Bundeskanzler Ludwig Sieweich mit den Worten kommentierte: „Die Verbraucher werden insgesamt durch den Wegfall der Werbung Produkte deutlich günstiger kaufen können. Allerdings wird sich auch zeigen, welche Produkte Verbrauchern wirklich wichtig sind und welche nicht. Zeitungen, die niemand mehr bereit ist zu kaufen, waren offensichtlich unseren Bürgern nie wichtig. Verfehlte Produktpolitik einzelner Anbieter ist aber nicht Sache dieser Bundesregierung."

Diese Aussage machte schnell bei allen Verantwortlichen die Runde. Wann immer ein Produkt oder eine Marke nicht mehr gekauft wurde, lehnten Politiker die Verantwortung mit dem Hinweis auf fehlende Marktfähigkeit des Anbieters ab. Als dann *Google* seinen Betrieb einstellen musste, weil Verbraucher nicht bereit waren, für Suchen im Internet Geld zu bezahlen, frohlockten die Datenschutz-Politiker sogar.

Kaum zu glauben, dachte Pete, dass all das erst zehn Jahre her sein sollte. Ob wohl irgendjemand eine Statistik darüber führte, wie viele Produkte und Marken seither verschwunden waren? Wie schon in Deutschland 2015, als die Regierung dort eine Verordnung erließ, dass die Online-Angebote der Zeitungen nicht mehr vom normalen Abonnementspreis abgedeckt wären, verzichteten Menschen plötzlich. Sie hatten schlicht aufgehört, Dienstleistungen in Anspruch zu nehmen, weil diese jetzt etwas kosten sollten.

Google, *Facebook*, *YouTube* verschwanden oder schrumpften sich klein – ebenso wie die meisten privaten TV-Sender. Kino und Fußballspiele verloren einen Großteil ihrer zahlenden Besucher, und sogar öffentliche Verkehrsmittel mussten Ihre Preise erhöhen. Das war der Anfang der negativen Spirale, die die Wirtschaft in das tiefe Loch riss, in dem sie heute noch steckte.

Aber jetzt lag endlich ein Wechsel in der Luft. Mit der Aktion, an der Pete gemeinsam mit vielen anderen Menschen weltweit teilnahm, sollten der "no spam act" und die Gesetze der anderen Regionen endlich kippen. Denn trotz der unglaublichen weltweiten Rezession war es den Befürwortern des Werbeverbots nämlich noch immer gelungen, die Szenarien einer zukünftigen Lockerung des Gesetzes schlimmer darzustellen als die aktuelle Realität. Und so bestimmte dieser Fehler das Leben der Menschen noch immer. Morgen, so hoffte Pete, würde sich das ändern.

Zugegeben, eine Utopie. Und eine, die die Frage, wie man mit einem perfekt funktionierenden Marketingtool denn umgehen würde, hoffentlich nicht beantwortet.

Aber, lassen Sie uns doch mal zusammen nachdenken: Was wäre, würde jemand die perfekt funktionierende Trainings-Methode für den 100-Meter-Lauf oder ein funktionierendes Marketing-Tool finden? Wie sähe unsere Welt dann wohl aus? Würden dann noch Menschen bei Sportwettbewerben gegeneinander antreten? Und wäre Marketing dann immer noch ein Fach im Betriebswirtschaftsstudium? Oder wäre es schon eine Disziplin in der Psychologie?

Gott sei Dank sind wir von beiden Erfindungen noch weit entfernt!

Und so verlassen wir uns weiter auf Intuition, Erfahrung und ein möglichst umfangreiches, übergreifendes Wissen über die verfügbaren Marketingmethoden und jubeln weiter den siegreichen Sprintern bei Olympischen Wettbewerben zu.

Das Ende des Tanzes: 58 Denkfehler und wie man sie vermeiden kann

Wenn wir uns als Marketeers und die kreativen Höchstleistungen, die Unternehmensbereiche und Agenturen erbracht haben, mit Preisen überschütten und feiern, dann stellt sich doch irgendwie die Frage, wie viel diese Leistung denn zum Bruttosozialprodukt unserer Gesellschaft beigetragen haben mag. Diese Frage lässt sich vermutlich nie beantworten. Die Frage jedoch, ob die gleiche Energie, anders eingesetzt, nicht deutlich mehr dazu beigetragen hätte, vielleicht schon.

Weil es in unserer Branche keine Helikopterperspektive gibt, weil wir Marketing und Kommunikation nicht als Ganzes von oben betrachten können, ist es schlicht unmöglich zu sagen, welcher Anteil der Werbespendings und Marketingbudgets denn gut eingesetzt ist und welcher nicht. Wer mit offenen Augen durch die (Werbe-)Welt geht, findet genügend Anzeichen, dass der strahlende Eisberg Marketing möglicherweise einen großen, weniger erfolgreichen Teil unter der Wasserlinie verbirgt. Wer da nicht hinschaut und jede Kritik am Marketing ausblendet und Marketing nur positiv verbrämt, handelt wie jemand, der sich über den blühenden Kontostand am Monatsersten freut und sich für reich erklärt – nur weil er die rotgedruckten Kontoauszüge vom 2. bis zum Monatsende geflissentlich ignoriert.

Marketing ist für mich die schönste und spannendste Unternehmensdisziplin. Aber Marketing macht auch viele schwere Fehler. Fehler im Bereich der Methodik, auf die ich früher schon hingewiesen hatte. Und Fehler im Bereich Umsetzung, um die es in diesem Buch ging.

Wie ließe sich das ändern? Meiner Erfahrung nach – nur durch Erfahrung. Gepaart mit Intuition und einem möglichst umfangreichen Wissen aus allen Disziplinen des Marketing.

Leider sprechen die aktuellen Entwicklungen dagegen. Das beginnt in den Universitäten, die noch immer Grundlagen schaffen, doch zunehmend weiter von der Unternehmenspraxis entfernt. Das kann man den Hochschulen nicht wirklich vorwerfen, denn das Problem liegt in der komplexen Aufgabenstellung in den Unternehmen. Die Überwachung eines internationalen Mediaplans, die richtige Sprachform im Umgang mit Vertriebsmitarbeitern in der internen Kommunikation oder die Anzeichen für einen aufkommenden Shitstorm in den sozialen Medien sind nun einmal pure Praxis, die sich nicht im Hörsaal simulieren lässt.

Aber: Könnte nicht wenigstens der Teil des Marketings, der sich gelegentlich ebenso laut wie falsch wissenschaftlicher Methoden rühmt, in Universitäten analysiert und kritisiert werden? Wo sind die Seminare zur Methodenkritik, die den kritischen Umgang mit dünnen Statistiken und falschen Schlussfolgerungen lehren?

Leider geht es dann aber weiter in den Unternehmen, die zunehmend vollwertige Arbeitsbereiche regelmäßig an Praktikanten vergeben, bei denen häufig der Eine seinem eigenen Nachfolger die Klinke in die Hand gibt. Wie soll bei so einem Vorgehen Erfahrung aufgebaut und Wissen im Unternehmen gehalten werden, wenn jeder Praktikant nach sechs Monaten den Arbeitsplatz wieder verlässt?

Und wir haben die Inflation der Disziplinen: Immer mehr Themen überfluten das Marketing und schaffen Spezialisten, denen der Bezug zu den anderen Fachbereichen fehlt. Wer verknüpft die unterschiedlichen Disziplinen und macht daraus die eine, wirksame und aufeinander aufbauende Marketingkampagne, wenn dieses übergreifende Know-how zunehmend fehlt? Wer baut die Strategie und definiert den Media-Mix? Spezialisten etwa?

Viele der Fehler, die im Marketing gemacht werden, haben schlicht mit fehlender Erfahrung zu tun. Erfahrung aber kann man weitergeben. Und wenn dieses Buch ein wenig dazu beigetragen hat, dass zukünftig die eine oder andere Maßnahme noch einmal überdacht und dadurch verbessert wird, dann haben wir doch alle ein wenig gewonnen.

Heino Hilbig   Hamburg, im Januar 2015

Die Tipps im Überblick

Der Übersicht halber gibt es hier alle Tipps dieses Buches noch einmal kondensiert.

Ich weiß, dass Sie, lieber potenzieller Leser, dieses Buch vermutlich in einer Buchhandlung stehend gleich hier hinten erst einmal öffnen werden. Da anderseits einige der Tipps in dieser Kurzfassung arg nach Binsen klingen, wenn man den Hintergrund dazu nicht gelesen hat, sollten Sie sich die Mühe machen und den vollständigen Tipp im Gesamtzusammenhang im betreffenden Kapitel nachlesen.

Viel Spaß beim Stöbern!

Abschnitt Strategieentwicklung

1. Der Ursprung des Unternehmens ist die Basis für die Vision, nicht umgekehrt.

2. Ziele sind nicht nur die Umkehrung heutiger Fehler.

3. Die Mars-Group von Jim Collins ist ein gutes Tool zur Visionsfindung.

4. Halten Sie an Produktnamen solange fest, wie die zugehörigen Produkte ein Erfolg sind.

5. Markenversprechen sollte man kommunizieren.

6. Es gibt keinen richtigen oder falschen Weg, Markenversprechen zu kommunizieren.

7. Glaubwürdigkeit: Halten Sie, was Sie versprechen!

8. Zukunftsszenarien sind meistens reine Zeitverschwendung.

9. Wenn Sie über die Zukunft reden wollen, dann im Stil einer sich selbsterfüllenden Prophezeiung.

10. Betrachten Sie Planung als dynamischen Prozess.

11. Arbeiten Sie im Marketing mit zeitabhängigen Alternativen.

12. Marktforschung für zukünftige Produkte ist meist verschwendetes Budget.

13. Arbeiten Sie nicht an Illusionen, sondern nur an erreichbaren Zielen.

14. Kopien eines Marktführers sind nie selbst Marktführer geworden.

15. Ihr stärkster Konkurrent ist immer der nächste im Markt-Ranking.

16. Für jede Position brauchen Sie eine andere Strategie.

17. Sich außerhalb der Branche zu orientieren, kann Wettbewerbsvorteile bringen.

18. Marketing darf man nicht delegieren.

Abschnitt Kommunikation

19. Betrachten Sie Ihr Werbemittel, wie Ihre Kunden es sehen.

20. Auch Inhalte brauchen Fokus auf Details.

21. Halten Sie Abstand, wenn Sie Außenwerbung beurteilen.

22. Lokalisierungsprozesse lassen sich heute viel leichter umsetzen und reduzieren so massiv Kosten.

23. Selbstähnlichkeit akkumuliert den Effekt von Werbekontakten und erhöht die Wirksamkeit.

24. Marketing braucht Zeit zu wirken.

25. Jedes Werbemittel wird von Verbrauchern in unterschiedlichen Situationen wahrgenommen.

26. Vermeiden Sie den „availability bias" (Verfügbarkeitsfehler).

27. Spaß ist nicht alles: Legen Sie zunächst die zu erreichenden Ziele fest, bevor Sie sich für Maßnahmen entscheiden.

28. Machen Sie sich selbst am POS keine Konkurrenz.

29. Prüfen Sie Ihre Kampagnenmotive sehr genau auf POS-Tauglichkeit.

30. Glauben Sie nicht allen Regeln.

31. Messen sind die ideale Plattform für Servicemitarbeiter, Hotline-Manager und Social-Media-Redakteure.

32. Legen Sie vor der Messe auch Ihre soften Ziele fest und messen Sie die Erreichung.

33. Die Gestaltung des Handelsbereiches Ihres Messestandes braucht gleiche Liebe zum Detail wie der Publikumsbereich.

34. Achten Sie auf richtiges Licht auf Ihren Messeständen.

35. Schaffen Sie einladende Wege durch Ihren Stand.

36. Analysieren Sie mögliche Laufwege durch Ihre Halle und richten Sie Ihren Messestand danach aus.

37. Achten Sie bei größeren Ständen auf gutes Innenbranding.

Abschnitt Marktforschung, Zahlen und Daten

38. Digital Natives sind nachweislich eine Marketing-Blase.

39. Planen Sie die systematische Erfassung aller Daten, auch wenn Sie jetzt noch nicht wissen, wofür Sie diese einmal verwenden wollen.

40. Machen Sie den Augenkamera-Test.

41. Stellen Sie sicher, dass eine angebliche Zielgruppenaffinität nicht nur ein Statistikfehler ist.

42. Soziodemografische Daten sagen absolut nichts über das Kaufverhalten aus. Vergessen Sie die einfach beim nächsten Briefing.

43. Aus Daten der Vergangenheit werden Sie Ihre Zukunft nicht ablesen können.

Abschnitt Organisation

44. Ihre Marketing-Organisation funktioniert besser, wenn Sie nach Kommunikationsmethoden statt nach Kanälen aufgebaut ist.

45. *Facebook* & Co. sollten Sie nicht von Studienabgängern pflegen lassen.

46. Sichern Sie alle Zugangsdaten zu den Social-Media-Plattformen Ihres Unternehmens zentral.

47. Investieren Sie mindestens Arbeitszeit, besser noch auch Budget, in regelmäßiges Monitoring.

48. Unterschätzen Sie auf keinen Fall den Faktor Sprache bei Aktivitäten im Bereich der sozialen Netzwerke.

49. Rechnen Sie sich *Facebook* nicht schön.

50. Likes sind keine Leser oder Stammkunden..

51. Lassen Sie internationale Kommunikation dort endprüfen, wo sie eingesetzt wird.

52. Bei Pressemitteilungen sind Inhalte viermal wichtiger als die Form.

53. Gute PR-Meldungen kann man auch kostengünstig übersetzen – schlechte nicht.

54. Journalisten sind Ihre Kunden. Mache Sie ihnen die Arbeit leicht.

55. Pressekonferenzen dürfen auch faszinieren.

56. Dokumentieren Sie akribisch alle Bildrechte, die Sie eingekauft haben.

57. *Google* findet alle Bilder, die Sie veröffentlichen – auch solche innerhalb anderer Dokumente.

58. Überprüfen Sie Ihre Marketingprozesse gezielt und regelmäßig. Es lohnt sich!

Danksagung

Neben den vielen Quellen, die ich in den Fußnoten bereits erwähnt habe, möchte ich noch auf zwei besondere Bücher eingehen.

Anja Förster hat in ihrem aktuellen Buch[72], mehr noch aber in ihren Vorträgen eine Vielzahl sehr bedenkenswerter Hinweise gegeben, die Marketeers aus dem immer gleichen Trott heraushelfen und Unternehmen verändern konnen. Es ist irgendwie müßig, einen Bestseller zu loben – ich tue es aber trotzdem.

Für mich völlig überraschend war die Lektüre von *Schnelles Denken, langsames Denken*[73] des Nobelpreisträgers Daniel Kahnemann. Ein Psychologe, der den Nobelpreis für Wirtschaft erhält, hatte mir eigentlich viel früher auffallen müssen. Viele der merkwürdig krummen Wege, die Marketing tagtäglich geht, sind für mich dadurch verständlicher geworden.

Schließlich gilt mein Dank wieder all den Kollegen aus Agenturen und Unternehmen, mit denen ich so trefflich über unseren Marketing-Wahnsinn debattieren konnte. Wieder mal gibt es den ein oder anderen, der mich bat, seinen Namen nicht zu nennen. Das möchte ich respektieren und bitte daher alle anderen Kollegen um Verständnis, wenn ich hier Euch allen nur in dieser allgemeinen Form für Eure Hilfe danke. Ihr wisst ja ohnehin, wer gemeint ist, nicht wahr?

---

[72] Förster, Anja, und Kreuz, Peter, *Hört auf zu arbeiten!*, München, Pantheon Verlag, 2013

[73] Kahnemann, Daniel, *Schnelles Denken, langsames Denken*, München, Siedler Verlag, 2012

Der Autor

Heino Hilbig, Jahrgang 1958, ist seit 1985 als Marken- und Marketingverantwortlicher bekannter Unternehmen wie *Casio, Time/system* und *Olympus* tätig gewesen. Im Laufe von über 30 Jahren nationaler und internationaler Markenarbeit hat er umfangreiche Erfahrungen in allen Bereichen der Kommunikation, der Marktaufbereitung und der Strategieentwicklung gesammelt und dafür mit kleinen kreativen Agenturen ebenso wie mit vielen internationalen Agenturnetzwerken zusammengearbeitet.

Im Jahr 2011 gründete Heino Hilbig die Marketing-Unternehmensberatung *Mayflower Concepts* in Hamburg. Er ist zudem als Dozent und Keynote-Sprecher tätig und Autor des ebenfalls bei Springer Gabler erschienenen Buches *Marketing ist eine Wissenschaft ... und die Erde eine Scheibe?*, einer amüsanten Systemkritik über die kleinen und großen Irrtümer des Marketings.

Kontakt:

www.mayflower-concepts.com

hilbig@mayflower-concepts.com

Printed in the United States
By Bookmasters